Ich kam aus den zerbombten Städten

Berichte aus Deutschland 1945

Wolf Strache

Ich kam aus den zerbombten Städten

Berichte aus Deutschland 1945

Droste

Die Textreportagen dieses Buches
erschienen in den Jahren 1946/47
in der Monatszeitschrift «Stuttgarter
Rundschau», in dem satirischen
Magazin «Wespennest» und in der
Sammlung «Verwandeltes Antlitz»
(Safari-Verlag, Berlin)

Sie wurden 1987 vom Autor überarbeitet
und in die vorliegende Fassung gebracht.

Alle Fotos: Dr. Wolf Strache
(außer S. 158: Archiv Dr. Wolf Strache)

CIP-Titelaufnahme der Deutschen Bibliothek

Strache, Wolf:
Ich kam aus den zerbombten Städten : Berichte aus
Deutschland 1945/Wolf Strache. – Düsseldorf : Droste, 1988
ISBN 3-7700-0771-9

Schutzumschlagentwurf: Helmut Schwanen unter Verwendung
eines Fotos des Autors
Gesamtherstellung: Clausen & Bosse, Leck
ISBN 3-7700-0771-9

Inhalt

Manchmal denk ich zurück

Ich lebe.
Ich habe keinen Hunger.
Meine Wohnung ist warm.
Mir geht es gut.

Aus der satten Geborgenheit der Wohlstandsgesellschaft, – aus einer Gegenwart, die alles hat und alles kaufen kann, – aus einem Jahr, das Rekordgewinne im Einzelhandel meldet und die bisher höchste Zahl von Auto-Zulassungen hat, – aus einer Zeit allgemeinen Überflusses blicke ich zurück auf die Stunde Null.

Damals waren wir alle Bettler. Der grausame Krieg, den wir mutwillig begonnen hatten und am Ende furchtbar verloren, machte uns zu einem geschlagenen, verfemten Volk. Unsere Städte lagen in Schutt und Asche. Unsere Wohnungen waren zu Ruinen geworden. Wir hatten nichts zu essen. Wir hatten nichts anzuziehen. Wir hatten nichts zu erwarten.

Wer von uns den Untergang überlebt hatte, vegetierte in brüchigen Behelfsbauten oder irgendwo in einem winzigen fremden Zimmer, kaum geduldet von denen, die ihr Zuhause nicht verloren hatten.

Ich besaß damals nicht mehr als eine eingefärbte Uniform und ein paar Lebensmittelmarken, – keinen Stuhl, keinen Topf, keinen Teller. Das erste Geld zum Leben verdienten wir uns, indem wir leere Holzkistchen bemalten, die ein ortsansässiger Schreiner als Munitionskisten für die Wehrmacht hergestellt hatte. Mit Blumen und Ornamenten geschmückt wurden sie unter unseren Händen zum freundlichen Besitz jener, die sie kauften, und bedeuteten Brot, Kartoffeln und Mehl für uns selbst.

Später, als wir den Hungerwinter mühsam überstanden hatten, besann ich mich auf meinen eigentlichen Beruf als Bildjournalist und begann, über das Leben in den zerstörten deutschen Städten zu berichten, – ständig auf abenteuerlicher Wanderschaft durch die vier Besatzungszonen, die amerikanische, die britische, die russische und die französische, in der das Fotografieren noch bei Todesstrafe verboten war. Ich reiste mit Möbelwagen, auf Kohlenzügen, in Bremserhäuschen und auf den Puffern der Güterwagen. Einmal nahm mich sogar ein amerikanischer Truck mit bis nach Berlin. Die Nächte kampierte ich in den Luftschutzbunkern der zerstörten Bahnhöfe oder, wenn ich Glück hatte, bei alten Freunden, die ich zwischen Ruinen und Trümmern lebend wiedergefunden hatte.

Meine Text- und Bildberichte erschienen in dem Monatsmagazin «Stuttgarter Rundschau», einer der ersten mutigen Zeitschriften nach dem Kriege, zu deren Autoren hervorragende Männer wie Theodor Heuss, Reinhold Maier und viele andere gehörten. Wann immer mir diese vergilbten Blätter in die Hände fallen, wundere ich mich, wie wir das alles damals überstanden haben: mittellos, hungrig, ohne alle materiellen Güter, nur erfüllt von einem unstillbaren Tatendrang, nachzuholen, was uns die sechs Jahre Krieg geraubt hatten, und zu erkunden, wie das Leben nach der Katastrophe in Deutschland weiterging. Es war eine unglaubliche, heute kaum mehr vorstellbare, eine tolle Zeit. In den Berichten, die ich damals schrieb, wird sie noch einmal lebendig.

Manche Begegnungen und Details werden dem Leser heute unwahrscheinlich, kaum denkbar erscheinen. Aber ich habe sie alle an Ort und Stelle gesehen und sorgfältig notiert. Es lohnt sich, sich diesen Anfang bei Null noch einmal ins Bewußtsein zu rufen. Unser gegenwärtiges Leben im Überfluß erscheint uns dann in ebensolchem Maße wunderbar, wie der Neubeginn nach dem Zusammenbruch damals armselig und fast ohne Hoffnung war.

Reisen in Deutschland – damals

1944

Warten in durchlöcherten Bahnhofshallen. Tausend Menschen in nervöser Spannung. Soldaten, Fliehende, Reisende, Evakuierte. 40 Minuten, 70 Minuten, 90 Minuten Verspätung hat der Zug. Manchmal 120 oder 240 Minuten. Der Krieg, die Armut, die Angst stehen schon auf allen Gesichtern. Dann das jaulende Geheul der Sirenen: Fliegeralarm! Brütende Bunker voll atmender Menschen. Berge von Gepäck. Das Knattern, das Brüllen, das Krachen der Bomben. Panischer Schrecken, beherztes Zureden, Kinderweinen.

Irgendwann ein verdunkelter Zug, zum Bersten überfüllt. Viele, die zurückbleiben und schreien. Enge, zögernde, keuchende Fahrt durch die Nacht. Draußen brennende Städte, verlöschende Scheinwerfer, in der Ferne noch ein Aufblitzen von Kanonen.

Diese Züge tragen den Haß und die Furcht. Flüche und Verwünschungen werden gezischt und sogleich wieder verschluckt aus Angst vor dem unbekannten Gegenüber. Es ist schon alles verloren, aber die Devise, die auf allen Lokomotiven in weißen Lettern steht, heißt: Räder müssen rollen für den Sieg. Armselige Fahrt in einen grauen Morgen. Immer wieder rauchende Ruinen, schwelende Brände und das Heer der zersiebten Dächer. Auf allen Straßen, die die Schienen kreuzen, die Bettenberge der Ausgebombten.

Hinter uns, näher rückend, die Front. Vor uns, ganz nahe schon, die Front. Überall die Front. Und je näher die Fahrt diesem dröhnenden, unfaßbaren Gespenst entgegenrollt, um so hilfloser die eingesperrten Menschen gegen Gefahr und Überfall aus der Luft. Aufschrei der Maschine. Donnernder Lärm der Tiefflieger. Flüchtende, die in die Felder preschen. Überkluge, die sich unter die Wagen verkriechen. Überall die Angst, zu allen Stunden, auf allen Strecken, auf allen Stationen.

Jede Reise ist Flucht. Aus diesem Chaos gibt es kein Entrinnen mehr.

1945

Der Krieg ging zu Ende. Es fallen keine Bomben mehr. Das Leben darf aufatmen.

Nach der großen Lähmung, die dem totalen Zusammenbruch folgt, regen sich wieder die Züge wie schwarze Schlangen, die nach dem harten Winter aus dem Dunkel hervorkriechen.

Endlose Kriegsgefangenenzüge auf der Fahrt in die Heimat. Sie tragen in ihren lichtlosen Waggons den Trotz, die Mutlosigkeit, die Apathie, aber sie bergen auch die Hoffnung, die Sehnsucht, die namenlose Freude. Rollen, rollen, rollen durch das Land. Weinende Frauen am Wege. Kinder, die ein Brot heranbringen und umgerannt werden von den gierigen grauen Gestalten. Winken aus Ruinenstädten. Lange, langsame Fahrt nach Haus.

Ihnen entgegen Kohlenzüge, endlos wie alle diese grauen Wagenreihen. Auf den Kohlenbergen die bunte Fracht der Reisenden, die sich schon wieder auf den Weg machen:

Heimkehrer, Suchende, Abenteurer, Verlassene, lauter Menschen mit einer Hoffnung im Herzen.

Und dann, vereinzelt und unkontrollierbar, die ersten Personenzüge. Zaghafter Verkehr über kleine Strecken, immer abbrechend, wo Brücken sinnlos zertrümmert liegen oder wo die Schienenwege sich zu unentwirrbaren Bündeln knäueln. Endloses Warten auf offenen Bahnsteigen. Balancieren über Ströme, über die erst ein Notsteg führt. Fahrt an Lokomotivfriedhöfen vorbei, wo fanatische Irre die Maschinen zu Eisengebirgen ineinander fuhren.

An allen Strecken ein Übermaß an Zerstörung. Auf allen Gesichtern der Hunger und die Hoffnungslosigkeit. In allen Gesprächen die Suche nach den Angehörigen, den Vermißten, den Verlorenen.

Ein ganzes Volk geht auf die Wanderschaft und sucht einander.

1946

Es gibt schon wieder Fahrpläne. Es gibt D-Züge, auch solche, die richtige D-Zug-Wagen mit Fensterscheiben haben. Auf den Bahnhöfen sind die Schuttberge beiseite geräumt, und langsam regiert die Bürokratie wieder mitleidlos über die reisende Menschheit.

Aber das ist noch kein Reisen wieder. Das ist ein tägliches Abenteuer von Stadt zu Stadt, von Zonengrenze zu Zonengrenze. Zulassungen, Reisegenehmigungen, Fahrkarten, Passierscheine, englische, französische, amerikanische, russische Stempel. Gepäckkontrollen, Paßkontrollen.

Routinierte Reisende, die überall eine Masche im Netz wissen. Grenzgänger, die hundertmal schwarz jede Zonengrenze passiert haben. Ahnungslose Frauen, die ohne Passierschein in eine andere Zone wollen. Kinder und Halbwüchsige, die ihre Eltern auf dem großen Treck nach Westen verloren haben und die nun in einer fremden Welt umherirren, ohne daß ihnen einer ihr Ziel sagen könnte. Heimkehrende Evakuierte, rückkehrende, hin- und herfahrende, umherreisende Trabanten aller Klassen und Schichten.

Gespräche über das Essen. Immer wieder Schwarzmarktpreise, Hungergespräche, Hamstergespräche, Magenprobleme. Es scheint, als reisten die Deutschen nur noch, um Kartoffeln und Fett zu suchen. Und dazwischen immer wieder Kriegsgefangene, die endlich heimkehren. Junge Mütter, die ihr Kleinkind in einer alten Wehrmachtsdecke tragen und verzweifelt nach einem Becher Milch fragen. Flüchtlinge, die jetzt erst ihre Heimat verloren. Suchende, die noch immer ohne alle Nachricht sind.

Immer wieder und immer noch Transporte, die die Ware Mensch en gros verfrachten. Transporte aus Polen, aus Ungarn, aus der Tschechoslowakei, aus Schlesien, aus Pommern. Züge der Verzweiflung und der Hilflosigkeit, unabsehbar. Diese furchtbare Völkerwanderung, die vor sechs, acht Jahren begann, scheint nicht enden zu wollen. Sie ist eher größer als geringer geworden. Immer von neuem werden die Menschen – einzelne, Familien, ganze Provinzbevölkerungen – hin und her geworfen. Die Bahnen sind zu eisernen Straßen des Leides geworden. Und niemand, der irgendwo in der Welt im D-Zug-Wagen durch ein unzerstörtes, friedliches Land fährt, kann ermessen, wie grau und dunkel diese deutschen Waggons mit ihrer Menschenfracht sind.

Da und dort, im engen Abteil, gibt es den Beginn eines guten Gesprächs: Deutsche untereinander, Serben, Litauer,

Ungarn, Schweizer. Viele solcher Gesprächsfetzen schaffen den Anfang eines Verstehens. Manchmal dauert das Verstehen schon über ein paar gemeinsame Stunden. Ist es der zage Anfang eines europäischen Gefühls?

Reisen in Deutschland – Abenteuer ohne Maß und ohne Ende. Man brauchte nicht einmal auszusteigen. Die Fahrt allein spiegelt in tausend Einzelschicksalen das Drama unserer Zeit und unseres Kontinents. Wahrhaftig: es lohnt sich, in Deutschland auf die Reise zu gehen.

Schauplatz der deutschen Tragödie – Frankfurt

Durch das Labyrinth frei geschaufelter Wege zwischen den Gebirgen der Trümmer fand ich den Weg zum Römer. Einst war er der lebendige Schauplatz einer tausendjährigen deutschen Geschichte. Seit Babarossa wurden die meisten deutschen Könige und seit Kaiser Maximilian II. die deutschen Kaiser hier gekrönt. Hier machte sich die deutsche Nationalversammlung 1848 auf den Weg zur deutschen Einheit. Jetzt liegt hier, vom Kaiserdom bis zum Römerberg und bis hinüber zur Paulskirche, ein kaum zu beschreitender mächtiger Berg von Steinen, Häuserresten und Schutt.

Viele deutsche Städte haben in den grausamen Jahren des Krieges ihren historischen Kern eingebüßt. Aber nirgends scheint mir der Verlust schmerzlicher als in Frankfurt. Diese Stadt war durch Jahrhunderte die Hauptstadt des alten Deutschen Reiches, des Deutschen Bundes und der deutschen Einheitsbewegung. Nun sank sie gänzlich in Trümmer und Asche. In den alten Bürgerhäusern und Palästen der Altstadt waren einst Kaiser und Könige zu Gast, die Kaufmannschaft aller europäischen Länder traf sich hier zu den großen Messen. Giebel und Erker, Höfe und Stiegen waren bis auf die Neuzeit originalgetreu erhalten geblieben. Und wir konnten durch die Gassen wandern, in denen schon der junge Wolfgang Goethe den Zauber deutscher Geschichte empfunden hatte. Nun sind hier wirklich tausend Jahre ausgelöscht, nicht nur karge zwölf des «Tausendjährigen Reiches», das der Diktator uns versprochen hatte.

So steige ich voller Gedanken über die unkrautbewachsenen Berge, unter denen Alt-Frankfurt begraben liegt. Am Römerberg leuchtet noch die rote Fassade des Rathauses, von dessen Balkon sich einst die neugewählten Kaiser dem jubelnden Volke zeigten. Aber es ist die Fassade einer leergebrannten Ruine. Der mittlere Giebel ist heruntergebrochen, doch der kostbare Balkon hängt noch am alten Gemäuer, und unter ihren gotischen Baldachinen schauen die vier ehrwürdigen Gestalten Friedrichs I., Ludwigs I., Karls II. und Maximilian II. auf die Greifbagger und Preßluftbohrer herab, die jetzt lärmend an der Arbeit sind.

In ihren brüchigen Fassungen hängen noch die schweren, eisenbeschlagenen Türen, aber sie verschließen nur mehr ein ausgebranntes Haus, in dem keine Kurfürsten mehr zur Wahl schreiten, keine Kaiser mehr den Treueid leisten, keine Ratsherren mehr über des Heiligen Römischen Reiches Deutscher Nation Wahl-, Krönungs- und Handelsstadt regieren.

Gegenüber ragt der Domturm steil und übergroß über den Ruinen der einst so vertrauten Apfelwein-Gaststätten auf, «Zum Heiland», «Zum Standesämtche» und wie sie alle hießen. Vom Haus «Zum schwarzen Stern» steht noch das Gewölbe. Hinter lose zusammengefügten Backsteinen und Kistenbrettern haust dort jetzt ein kleines Antiquariat, das Bilder und Stiche Alt-Frankfurts verkauft. Und die Frankfurter Familienväter, die am Sonntagmorgen über die Trümmer klettern, zeigen ihren Kindern anhand dieser Stiche, wie es hier vor Jahren einmal ausgesehen hat.

Es gibt ein paar Saumpfade, die zum früheren Fünffinger-Plätzchen führen. Man kriecht zwischen verfallenen Mauern, unter herabhängenden Röhren und Balken hindurch und steigt dann wieder über wildbewachsene Schuttberge, auf denen mannshohes Unkraut und dichtes Buschwerk wuchern. Da und dort steht noch eine einsame Bildsäule, die der Vernichtung entging, so der Brunnen

«Zum Heiligen Geist» und unweit des Domturmes der «Schöppenbrunnen». Um die Frauengestalt des Brunnens zum Heiligen Geist winden sich schwarze Stromkabel, die Licht in irgendeine jämmerliche Ruine tragen und merkwürdig, inmitten all der grauen Verwüstung leuchtet das Gold am Schöppenbrunnen, mit dem Gewand, Strumpfschnallen, Krone und Inschriften verziert sind.

Vom Domturm dröhnt feierliches Geläut. Mit Staunen sehe ich, daß sogar die Turmuhr noch geht. Und ungläubig höre ich Orgelklang aus dem arg mitgenommenen Dombau klingen. Wo ist hier noch Gottesdienst? Das ganze Kirchenschiff ist zerstört, in dürren Sparren ragt nur die Andeutung eines Dachstuhls noch über den gotischen Bögen. Gibt es wirklich noch einen Platz für Pfarrer und Gemeinde? Ich finde eine enge kleine Kapelle unter dem Turm. Die Orgel entpuppt sich als Harmonium. Dicht beieinander stehen Männer und Frauen, arm, hungrig und demütig.

Es gibt noch ein paar andere alte Kirchen in Frankfurt, in deren Stille man sich verlieren kann. Hinter dem Kreuzgang des zerstörten Karmeliter-Klosters, in dem jetzt eine Freilichtbühne spielt, sind im ehemaligen Speisesaal die erschütternden Fresken des Jörg Ratgeb zu sehen, die er für das Kloster gemalt hat: eine Szenerie der Grausamkeit und des menschlichen Leides, Totschlag und hinterhältiger Mord, Steinigung, Kampf und Vernichtung, Tränen und unermeßlicher Jammer, Menschen, die auf alle erdenkliche Art gefoltert und gemordet werden, – eine erbarmungslose Schilderung des menschlichen Geschlechts, jener Geschöpfe Gottes, die sein Werk so furchtbar mißbrauchten und auch den Maler dieser Fresken selbst im Jahre 1526 grausam umbrachten. Er wurde, weil er am Bauernaufstand teilgenommen hatte, von vier Pferden geschleift und zerrissen.

Eine der ältesten Frankfurter Kirchen, St. Leonhard, blieb wie durch ein Wunder erhalten. Das kostbare gotische

Kirchenschiff, das einst über der kleinen romanischen Kirche errichtet wurde, ist kaum beschädigt. Und wie auf dem alten Stich Merians schauen auch heute noch die beiden romanischen Türme seltsam aus dem gotischen Riesendach hervor.

Aber ringsum ist alles Leben erstorben. Die Fahrgasse, einst eine von strudelndem Leben erfüllte Ausfallstraße des Mittelalters, liegt einsam wie ein Damm in der Wüste. Ihre glatte Asphaltbahn schneidet schnurgerade durch die Gebirge der Steine und Ruinen. Und wie ein rührendes Dokument des Alt-Frankfurter Lebenswillens erhebt sich inmitten der Trümmer ein winziges Behelfshäuschen, eilig aus Backsteinen geschichtet, mit einem kleinen Innenhof versehen, auf dem eine verrostete Badewanne den Brunnen markiert, und mit einer Bretterwand gegen die Straße abgeschlossen, auf die der schönheitsdurstige Besitzer fein säuberlich das Bild einer Backsteinmauer gemalt hat.

Das alte Frankfurt ist dahin. Wie lebt das neue?

Über die Bockenheimer Landstraße, durch die Kaiserstraße, an der Hauptwache, am Bahnhof vorbei rasen die schnellen Autos der Amerikaner. Die Straßenbahnen poltern, immer überfüllt, hinaus in die Vororte. Die ganze Stadt bis auf den alten Kern ist erfüllt von schnellem, kräftigem Leben. Der Bahnhof ist wieder Umschlagplatz für Menschen aus allen Himmelsrichtungen.

Beinahe stärker als früher konzentriert sich der gesamte Verkehr der westlichen deutschen Länder auf Frankfurt, und in pausenloser Folge laufen die direkten Züge nach München, Stuttgart, Freiburg, Saarbrücken, Köln, Essen, Bremen, Hamburg, Kassel. Wer von Süden oder Südwesten nach Norden oder Osten will, muß über Frankfurt. Die zentrale geographische Lage, die diese Stadt vor Jahrhunderten zum bevorzugten Handelsplatz Westeuropas werden ließ, erweist ihre Bedeutung aufs neue.

Freilich, diesem Fremdenstrom steht nur ein Minimum an Unterbringungsmöglichkeiten und Unterhaltung gegenüber. Das Bunkerhotel der Stadt, die Notunterkünfte, die Wartesäle sind zu allen Nachtstunden überfüllt, und viele, die bleiben wollen, sind gezwungen, auf den zugigen Bahnsteigen oder in der offenen Halle des Bahnhofs auf die Weiterfahrt zu warten. Hier liegt noch eine große Chance für die Stadt. Aber niemand weiß, ob und wann man sie wird nutzen können.

Die vielen Verwaltungsbehörden der Regierung und der Besatzungsmacht, die sich in Frankfurt zusammenfinden, beanspruchen die Mehrzahl der unzerstörten großen Gebäude, Hotels und Gaststätten. Allerorts trifft man auf das schnelle und zupackende Leben der Amerikaner, die der Stadt in mancher Beziehung mehr Farbe geben, als sie in Wirklichkeit hat. Jeeps und Trucks und schnelle Taxis beleben die Straßen, die bunten Streifen der Military Police und der deutschen Polizei sind überall unterwegs. Es gibt zahlreiche besondere Militärstraßen, die nur dem Verkehr der US-Truppen vorbehalten sind. Und ein erheblicher Sektor der Stadt, vom Palmengarten bis zum I.G. Farben-Verwaltungsgebäude ist in den Sperrbezirk der Besatzungsmacht einbezogen. Zwischen die Linien der Straßenbahn eingestreut sind die Round-up-Wagen der amerikanischen Armee, und Unterhaltungslokale, Hotelunterkünfte und Cafés tragen vielfach amerikanische Aufschriften.

In der Tauschzentrale, wo deutsche Wertgegenstände gegen amerikanische Lebensmittel eingehandelt werden können, herrscht lebensgefährliches Gedränge. Der Hunger nagt hier wie anderswo in Deutschland, auch wenn die Lebensmittelrationen der US-Zone zeitweise günstiger sind, als die der übrigen Besatzungszonen.

Von dem vielfältigen kulturellen Leben, das Frankfurt vor dem Kriege auszeichnete, ist manches noch nicht wiedergekehrt. Die Städtischen Bühnen spielen im Börsensaal und im behelfsmäßigen Kleinen Komödienhaus. Der Rundfunk veranstaltet öffentliche Konzerte. Aber dies alles ist noch bei weitem zu wenig für den Kunsthunger der Einwohner, die sich nach sechs Jahren Krieg endlich wieder erfreuen und erbauen wollen. Es gibt eine Reihe kleinerer Kabaretts, die mittlere bis gute Zeitsatire bieten: das «Kabarett der Kabarettiche», «Die Palette», das «Tusculum». Es gibt auch Ausstellungen junger Kunst. Aber die Schätze des Städelschen Instituts, der Hans-Thoma-Sammlung, des Museums für Kunsthandwerk, des Goethe-Hauses, des Völkerkundemuseums des Afrika-Instituts, der Senckenbergschen Stiftung, des Liebig-Hauses, – all diese Kostbarkeiten, soweit sie nicht vernichtet wurden, kehren nur langsam und zögernd zurück und verlangen vergeblich nach neuen Räumen, in denen sie gezeigt und genossen werden können.

In der Stille der Privathäuser freilich lebt ein gut Teil jener alten Bürgerkultur weiter, die Frankfurt schon zu Zeiten der alten Frau Rath Goethe ausgezeichnet hat: in vielen Wohnungen fand ich noch Reste der schönen Möbel, die der Stolz Alt-Frankfurter Familien sind, Ahnenbilder und daneben viel gute neue Kunst. Plastik, Malerei und Graphik finden nicht nur in den Ausstellungen junger Künstler, sondern ebenso im engeren Kreis der Freunde und Familien eine Pflegestätte. Es gibt zahlreiche Häuser, in denen trotz der Enge der Wohnungen regelmäßig Kammermusik getrieben wird und geisteswissenschaftliche und künstlerische Diskussionen stattfinden. Dieses rege kulturelle Leben, das früher die Basis für so viele einzigartige Bürgerstiftungen war, scheint mir ein sicheres Fundament für kommende Leistungen zu sein, – mehr als manche öffentliche Veranstaltung, die rasch bekannt und rasch vergessen wird.

Auf einigen Sondergebieten wie auf dem der Mode, des Handwerks und der Kochkunst, hatte sich Frankfurt eine führende Stellung verschafft, die es nun erst wieder neu erringen muß. Es gibt vielfache Ansätze zu neuer kreativer Tätigkeit, auch im öffentlichen Leben, – aber es wird lange brauchen, ehe diese Stadt sich aus ihrer heutigen Armut wieder zu einem Teil des früheren Wohlstandes emporgearbeitet haben wird.

Dies alles ficht die jungen Frankfurter nicht an. Sie suchen, unbekümmert um die Sorgen des Alltags und der nahen Zukunft, ihr Vergnügen, wo sie es finden können. So kommt es, daß der Frankfurter Zoo, der längst mehr als ein einfacher Tiergarten geworden ist, täglich und nächtlich einen wilden Wirbel der Betriebsamkeit erlebt. Gebirgsbahnen, Karussells, Geisterbahnen und Tanzlokale, Zirkus, Märchentheater und Schauboxkämpfe geben sich mit Getöse und Blechmusik, mit Sirenenheulen und Lichterglanz ein betäubendes Stelldichein, und die Frankfurter pilgern zu vielen Tausenden immer von neuem zu diesem erregenden Fest, das sie sich selber geben. Verängstigt und eingeschüchtert von all dem Lärm stehen die Tiere in ihren engen Zwingern und betrachten, ohne zu begreifen, diese seltsame Menschheit, die ihnen da täglich gegen eine Mark Eintritt vorgeführt wird.

Herz in rauher Schale – Berlin

Als ich vor Jahren in die Reichshauptstadt kam, fürchtete ich mich vor Berlin. Während meiner ersten Zeit dort hatte ich Schwierigkeiten, mich an den schnellen, forschen Lebensstil anzupassen. Langsam gewöhnte ich mich an Berlin. Aber als die Stadt mehr und mehr zerstört wurde, begann ich Berlin zu lieben. Nun, da wir zonenweit voneinander getrennt leben, sorgte ich mich um Berlin.

Wie würde ich, wenn ich zurückkehre, Berlin wiederfinden?

Es gibt eine Reihe von Bildern, die auch dem Fremden geläufig sind: der abgeholzte Tiergarten, die zerstörte Innenstadt, der international belebte Ku'damm. Aber Berlin ist ganz anders. Es ist viel schrecklicher, als man es erträumt hat; und es ist viel normaler, als man es erwarten konnte. Es liegen, wie immer in Berlin, alle Extreme dicht beieinander. Die Stadt läßt sich so wenig wie je auf eine Formel bringen. Sie hat tausend Gesichter. Und erst diese Vielgesichtigkeit ergibt das, was spezifisch berlinisch ist.

Das alte rauhbeinige, gutherzige, schnoddrige, harte, liebe Berlin will erst wieder, ganz von neuem, erobert werden. Es schenkt seine Zuneigung nicht leichtfertig her. Es macht es seinen alten Liebhabern nicht leicht. – Der erste Anblick deprimiert: der Anhalter Bahnhof, auf dem der Zug von der Grenze her einrollt, macht einen fast verlassenen Eindruck. An der Sperre zahlreiche russische Offiziere und kaum Amerikaner, obwohl der Bahnhof zum amerikanischen Sektor gehört. Auf dem Wege zum Potsdamer Platz nur Ruinen, zwar aufgeräumt, aber doch Ruinen, erschütternd in ihrer Nacktheit und Armut. Die Autos tragen auf ihren Nummernschildern russische Buchstaben und sind an Kühler und Kotflügel knallgelb gestrichen. Auf dem Potsdamer Platz wird, wie immer zu früheren Zeiten, irgend etwas ausgebessert und gebaut.

Der zweite Eindruck beruhigt: die U-Bahn verkehrt in Zehnminuten-Abständen und absolut pünktlich. An vielen Stellen hat der Krieg Schächte aufgerissen, und die Bahn windet sich durch abgestützte Gräben, wo einst Tunnel waren. Trotzdem geht alles flott und reibungslos. In den überfüllten Wagen sitzt, steht und liest das altgewohnte U-Bahn-Publikum: Angestellte, Bürofräuleins, Arbeiter, Hausfrauen, elegante Welt. Man vermißt keine der Nuancen von früher. Sie lesen eine der vielen Berliner Tageszeitungen, unterhalten sich oder dösen vor sich hin oder schlafen fest bis zu ihrer Haltestelle. Über den Fenstern sind die altbekannten Reklametafeln verschwunden: «Nach Spickaal, Leberwurst und Schmalz, verlangt der Körper Bullrichsalz» – und haben zeitgemäßen Versen Platz gemacht: «Fleckfieber droht, die Laus bringt Tod – scheu keine Müh', vernichte sie!»

Auf der Suche nach einigen alten Freunden wird mir die Berliner Situation schlagartig zum Bewußtsein gebracht. Ich frage nach dem ersten Freund und sehe: Haus durch Artillerietreffer zerstört, Anschrift unbekannt. – Der zweite: Haus durch einen Major der Besatzungsmacht belegt, Anschrift unbekannt. – Der dritte: während der Kampfwochen um Berlin durch Selbstmord geendet. – Der vierte: Wohnung durch fremde Leute belegt, das alte Namensschild noch an der Tür. Aber niemand hat je etwas von ihm gehört. – Der fünfte: vor kurzem aus dem beschlagnahmten Wohnblock ausgezogen und in einer «Ausbau»-Wohnung, deren fehlende Decken und Wände eben installiert werden. – Der sechste: wohnt wie immer und ist ganz erstaunt, daß ich meinerseits erstaunt bin, daß er noch da ist.

Es zeigt sich, daß Berlin seinen Einwohnern alle Chancen bietet, vom hochbezahlten Spezialberuf bis zum Straßenbettler. Es liegt, wie stets, nur beim einzelnen, was er aus sich macht. Für Könner, gleich auf welchem Gebiet, gibt es heute wie früher keine Hindernisse. Ich sprach eine Reihe von Leuten, die als Angestellte oder im freien Beruf 1000,– und 2000,– Reichsmark monatlich verdienen. Ich sprach Stenotypistinnen, die ausgezeichnet bezahlt werden. Ich sprach Hausfrauen, die halbtags in einer Küche der amerikanischen Armee arbeiten und neben freiem Mittagessen die Vorteile der Arbeiterkarte genießen. Sie verdienen 72 Pfennig die Stunde. Ich sprach viele Frauen, die bei der Trümmerbeseitigung arbeiten, Backsteine klopfen oder Schutt aufladen. Sie haben eine harte Arbeit, aber viele von ihnen sind darauf angewiesen, weil ihre Männer noch nicht zurückgekehrt sind und weil sie mit der Hausfrauenration auf Karte V nicht satt werden.

Ich sah einen blinden Bettler am Potsdamer Platz, der trug ein Schild: «Suche kleines Harmonium zu kaufen». Und ich hörte einen anderen Bettler, der spielte zu einer Drehorgel auf der Okarina, und die Menschen, die vorübergingen, summten seine vertrauten Alt-Berliner Melodien mit, obwohl sie unter Trümmern gingen. Der Mann hatte eine gute und laufende Einnahme.

Das Berliner Leben ist hart, knapp und kostspielig. Das ist keine Neuheit für die Berliner, denn auch während der Kriegsjahre hatten Dinge wie Obst und Gemüse, Kartoffeln und Kohlen, Milch und Eier in Berlin Seltenheitswert. Die Isolierung, in der sich die Stadt heute befindet, zwingt ihre Einwohner in drastischer Form zur Selbsthilfe. So sieht man allenthalben vor den Häusern und in den Höfen winzig parzellierte Kleingärten, die aus ehemaligen Rasenflächen und

Vorgärten entstanden sind. Hier bauen die Berlinerinnen und Berliner mit Hingabe ihren Salat, ihre Bohnen und ihre Radieschen an. Hier stehen fünf liebevoll behütete Tabakstauden neben einem Miniaturbeet von Kohlrabi und Spinat. Und es gibt kein treffenderes Bild aus dem Nachkriegs-Berlin als den Anblick der Frauen in ihren Hosen und der mager gewordenen Männer, wenn sie mit Gießkanne und Schlauch, Harke und Hacke am Abend in ihren Puppenbeeten arbeiten.

Natürlich ernähren diese Zwerg-Plantagen keine hungrige Familie. Und so sieht man Tag für Tag Scharen von Berlinern auf der Fahrt aufs Land, mit leeren Rucksäcken in unvorstellbar überfüllten Zügen, bereit, aus der ausgemergelten Umgebung der Riesenstadt noch einmal ein allerletztes Quentchen Eßbares herauszupressen. Hier beginnt schon die Sphäre des Schwarzen Marktes.

Im Sommer 1946 kostete ein Pfund weiße Bohnen, beim Kleinlandwirt vor den Toren Berlins gekauft, 30 Reichsmark. Ein Pfund Erbsen 40 RM. Ein Pfund kanadisches Weizenmehl 50 RM. Ein Pfund Brot 60 RM. Ein Zentner Kartoffeln rund 350 RM. Ein Pfund Butter etwa 700 RM. Ein Pfund Kaffee 780 RM. Eine englische oder amerikanische Zigarette zehn bis zwölf Mark, eine deutsche fünf bis sechs Mark.

Die Preise steigen mit der Knappheit der Ware und sinken mit dem Mangel an verfügbarem Geld. Eine überraschend breite Schicht von Berlinern lebt von dieser Börse der Not, und man muß gestehen, sie lebt großartig.

Die bunte Menge der Bars und Schlemmerlokale existiert ausschließlich von dieser Kundschaft, und es gibt, scheint es, keinen irdischen Genuß, der den Matadoren des Schwarzen Marktes nicht gegen gutes Geld geboten würde. Der Berliner Magistrat kämpft gegen diese Mißstände einen unentwegten, manchmal aussichtslos erscheinenden Kampf.

Von Zeit zu Zeit werden Preistreiber und Schwarzhändler zu hohen Strafen verurteilt, aber indem man ihnen ihre Strafen diktiert, treibt man sie von neuem auf den Schwarzen Markt, um den Verlust wieder wettzumachen. Und wenn man sie zu milde bestraft, ermuntert man sie, in ihrem erfolgreichen Metier fortzufahren. So bleibt der Schwarzhandel eine Dauereinrichtung, die erst mit langsam sich bessernden Zeiten eines natürlichen Todes sterben wird.

Dinge wie diese und viele andere werden in der Berliner Presse mit schonungslosem Freimut diskutiert. Da Berlin über eine Fülle von Tageszeitungen aller Schattierungen verfügt, fehlt es nie an Meinungsverschiedenheiten. Den Zeitungen des russischen Sektors, die energisch ihre kommunistische und sowjetfreundliche Politik vertreten, stehen die Blätter der drei westlichen Sektoren gegenüber, die mit Nachdruck die endlich gewonnene Freiheit des einzelnen verteidigen. Die Auslegung des Begriffes «Demokratie» erfährt alle nur denkbaren Variationen, vom unumschränkten Liberalismus bis zur Diktatur des Proletariats. Mehr als auf jedem anderen Lebensgebiet wird hier in Berlin politische Meinungsbildung forciert.

Zwischen all diesem Kampf und Alltag, zwischen Wahlparolen, die an Denkmalssockeln prangen, und Ansätzen des Wiederaufbaus, die aus den Ruinen sprießen, zwischen Geschäft, Hunger und Schwarzem Markt führen die Überbleibsel des historischen Berlin ein beinahe surreales Dasein. Von der Quadriga auf dem Brandenburger Tor steht nur noch ein Pferd, ein zweites lehnt sich halb gebrochen an das erste. Die anderen fehlen. Die Siegesgöttin ist zu einem Klumpen Bronze zusammengeschmolzen. Ein erhobener Arm ragt darüber ins Leere. In dem Ganzen steckt eine hölzerne Stange mit einem verblichenen roten Wimpel.

Ähnlich vergessen wirken die Reste all jener Bauwerke und Denkmäler, die einst Berlins preußisches Gesicht geprägt haben. Das Ehrenmal Unter den Linden hat noch den ehernen Eichenkranz, zu dessen Füßen vermoderte Schärpen und Kränze liegen. Aber Dach und Giebel sind geborsten und ein oder zwei Säulen fehlen. Das Denkmal Friedrich des Großen will, so scheint es, aus seinem tiefen Schlaf in der Backstein-Ummauerung nicht erwachen. Es ist niemand da, der es erwecken möchte. Der Große Kurfürst auf der Spreebrücke hinter dem Schloß ist fort. Vom Denkmal Wilhelms I., das fast unversehrt blieb, fiel der bronzegegossene Purpur mit der Kaiserkrone herunter und liegt nun am Boden.

An der Gedächtniskirche, um die einst das Berliner Leben kreiste, ist Totenstille eingezogen. Noch die Trümmer der von Bomben zerschlagenen Kirche wurden im Artilleriekampf der letzten Kriegswochen durchsiebt und geknickt. Von den Filmpalästen rings um den Zoo ist keiner wieder zum Leben erwacht. Man blickt durch leergeschossene Häuserruinen in die kargen Reste des Zoologischen Gartens. Und aus der Budapester Straße fährt eine Lorenbahn langsam die Schuttreste ab, unter denen Berlin W begraben liegt.

Ist Berlin begraben? Darf man diese Stadt, in der schon wieder rund zwei Millionen Menschen arbeiten, in der vier Siegermächte das Experiment einer gemeinsamen Verwaltung mit nur einem gemeinsamen Magistrat durchführen, darf man diese Stadt allein nach den Resten ihrer früheren Existenz bewerten? Man darf, meine ich, das Flakgeschütz, das noch immer umgekippt an einer Straßenkreuzung liegt oder die Panzer, die da und dort ohne Ketten rosten, nicht zum Gleichnis der Berliner Situation machen. Man muß, wenn man durch das zerbombte und verödete Zeitungsviertel in SW 68 geht, an die 3 Millionen Zeitungen denken, die das gegenwärtige Berlin an jedem Tage verdaut. Man muß, wenn man vor den Trümmern der großen Opern- und

Schauspielhäuser steht, die Vielzahl lebendiger Theater bewerten, die heute in Vorstadtkinos und bescheidenen Vereinssälen ihre Aufführungen bieten. Man muß, wenn man die wenigen grauen Omnibusse durch die Straßen wanken sieht, die vielen hundert Brücken in Rechnung stellen, die in allen Teilen der Stadt wiederhergestellt wurden und den stetigen, mühevollen Ausbau des U- und S-Bahnnetzes, das die Innenstadt mit ihren Vororten verbindet.

Es mag vieles geben, das den Fremden, der aus Westdeutschland kommt, erstaunt und bedrückt. Er findet, das ist gewiß, das Berlin seiner Erinnerungen nicht mehr. Aber unter den Trümmern regt sich voller Tatkraft und mit einem Humor, der vielleicht manchmal bitter geworden ist, das alte, trockene, zähe Berlin, das leben und wieder etwas gelten will.

Am Wege notiert – Berliner Alltag

- Ein Steglitzer, der eine Wilmersdorferin heiraten will, kann nicht zu ihr ziehen. Er bekommt zu ihr und sie zu ihm keine Zuzugerlaubnis.
- Am Breitenbachplatz im Wilmersdorf geht man innerhalb von 20 Schritt aus der englischen in die amerikanische Zone und wieder hinaus in die englische. Es gibt viele solcher Zipfel zwischen den vier Sektoren.
- Die Lebensmittelmarken der Berliner gelten stets nur für den Ausgabebezirk. Man konnte bis vor kurzem selbst auf Kleinstabschnitte nicht in einem anderen Stadtteil einkaufen. Angestellte, die nachweislich über Tag in ihrem Wohnviertel nicht einkaufen können, erhalten gegen zahlreiche Bescheinigungen die Erlaubnis, in einem besonderen Geschäft ihres Arbeitsbezirkes einzukaufen.
- In der Kreuznacher Straße können die Leute der linken Straßenseite nicht bei ihrem Bäcker auf der rechten Seite einkaufen. Die linke Seite hat Wilmersdorfer Marken, die rechte Steglitzer.
- Im russischen Sektor von Berlin besteht weiterhin das System der Haus-Obleute. Sie haben Aufsichts- und praktisch Polizeigewalt über ihre Mitbewohner.
- «Was kostet die Zigarette im Rheinland? Nur 7,– Rentenmark? Das ist aber billig. Bei uns kostet sie 10,– bis 12,– RM.»
- Im Juli 46 gab es Stachelbeeren. Im Berliner Westen handelte man sie 1:3, das heißt 1 Pfund Stachelbeeren gegen

3 Pfund Zucker. Im Berliner Osten bekam man sie 3:1, also für ein Pfund Zucker 3 Pfund Stachelbeeren.

- Das Erschütterndste für den Fremden im Berliner Stadtbild: die schwer arbeitenden Frauen. Viele von ihnen sind auf grobe Arbeit angewiesen, weil die Männer noch nicht heimgekehrt sind, oder weil sie ohne den Stundenlohn von 72 Pfennig nicht existieren können. Außerdem bekommen sie so Arbeiterkarten.
- Ein sehr kleines Mittagessen für zwei Personen kostet bei Stöckler am Kurfürstendamm 130,30 RM. Dafür bekommt man allerdings außer Suppe und einer Scheibe Brot auch ein sehr kleines Steak und einen Schnaps ohne Marken.
- Man kann am Kurfürstendamm auch sehr gut und mit allen Schikanen essen. Ein Abendessen zu vier Personen kostet dann etwa 1500,– RM. Man muß jedoch den Tisch mehrere Tage vorher bestellen, sonst bekommt man keinen Platz.
- Kino- und Theaterkarten kriegt man mit Sicherheit gegen Zigaretten. Die Presse diskutiert diese Tatsache ganz offen unter Nennung der Namen einzelner Kinos.
- Der Besitzer der Galerie R... wurde zu 40000,– RM Geldstrafe verurteilt, weil er antiquarische Bücher mit zu hohem Preisaufschlag verkauft hatte. Sein versteuerter Jahresumsatz beträgt 1500000,– RM.
- Eine mir bekannte Sekretärin aus Wilmersdorf wurde von der AEG fristlos entlassen, weil sie an der Feier des 1. Mai nicht teilgenommen hatte.
- Optimistische Berliner sehen ihre Situation so: «Wir sind das Bindeglied zwischen West und Ost. Das ist unsere ganz große, einmalige Chance.»
- Pessimistische Berliner sagen: «Wir sind eine kleine flache Insel im Ozean des Bolschewismus. Wann werden wir überspült?»

- Eine Postkarte vom Anhalter Bahnhof nach Frohnau brauchte 8 Tage, ein Telegramm von Potsdam nach Frohnau 5 Tage.
- Ein Berliner Geschäftsmann benötigt zum Kauf einer Fahrkarte folgende Papiere: 1. die Lizenz seiner Firma, 2. die Gewerbegenehmigung, 3. sein Arbeitsbuch, 4. eine Freistellungsbescheinigung des Arbeitsamtes, 5. einen schriftlichen Antrag mit ausführlicher Begründung der geplanten Reise. – Damit stellt er sich rechtzeitig in den frühen Morgenstunden bei seinem Bezirkbürgermeisteramt an, um eine der pro Tag verausgabten Reisegenehmigungen zu bekommen. Die Reisegenehmigung ist dreisprachig. Ihre Ausstellung dauerte früher drei Tage, jetzt erfolgt sie sofort. Mit dieser Reisegenehmigung holt er sich drei Tage vor Antritt der Fahrt am Dienstreiseschalter des Bahnhofs Zoo seine Fahrkarte.
- In Köpenick fand ein Heiratsmarkt statt. Das Verhältnis war 5 Männer zu 80 Frauen. Wünsche und Angebote wurden auf kleinen Zettelchen eingereicht. Eines der Angebote lautete: «Suche temperamentvollen jungen Mann, der trotz Kalorienmangels den Kampf mit dem Drachen nicht aufgegeben hat. Biete: die Hälfte meiner geretteten Couch.»
- Zur Lebensmittelkarten-Gruppe I gehören außer den Schwerstarbeitern folgende Berufsgruppen: Schauspieler von Rang, namhafte bildende Künstler, Hochschulprofessoren, Rektoren, Hauptschriftleiter, Parteiführer.
- Ich besichtigte mitten in den Trümmern der Innenstadt ein Parteihaus, dessen Innenräume im Ufa-Filmstil ausgestattet wurden. Die Wände waren mit Mahagoni getäfelt. Die Klubsessel waren sehr bequem.
- An der Gedächtniskirche, vor dem Romanischen Café, wächst das Unkraut mannshoch. Es ist ganz offenbar seit sehr langer Zeit niemand mehr hier vorbeigegangen.

- Kranzler Unter den Linden hat an der Charlottenstraße wieder eröffnet. Ich trank ein sehr kleines Glas Fruchtsaft zu 2,50 RM. Der Herr neben mir trank dazu noch ein Wermut-Alkolat zu 5,50 RM. Er zahlte für beides einschließlich Steuer und Bedienung etwas über 10,– RM.
- Das Kaufhaus Wertheim (AWAG) hat im Keller seines ausgebrannten Gebäudes am Alexanderplatz den Verkauf wieder aufgenommen. Die Armseligkeit der dort gebotenen Waren gibt einen Maßstab für die Armut unserer Gegenwart. Das meiste ist abgelegtes Wehrmachtsgut. Man konnte auch Schallplattenhüllen kaufen, das Stück zu 25 Pf.
- Frau Roosevelt sagte bei ihrem Berliner Besuch vor amerikanischen Nachrichtenhelferinnen: «Ich möchte, daß Sie die Deutschen nicht als Unterlegene behandeln, sondern wie kranke Freunde.»

Abrechnung im Anblick der Trümmer – Aachen

Wir traten aus der hohen Stille des Domes und kehrten zurück in die traurige Geschäftigkeit der von Ruinen gesäumten Straßen. Für ein paar Augenblicke bewahrten wir vor unserem Auge noch das Bild des steilen gotischen Chors, dessen Fenster zwar zerschlagen, aber dessen Maßwerk und schlanke Säulenpracht unzerstört waren. Der unvergeßliche Achteck-Raum der Krönungskapelle erfüllte noch unsere Gedanken, jenes feierliche Oktogon, dessen strenges Maß den Hauch eines ganzen Weltsystems bewahrte, einer scheinbar unveränderlichen Ordnung, die von Karl dem Großen über dreiunddreißig Kaisergenerationen währte. Gewiß, dieses große Reich, das Europa zu tragen vermochte, war längst dahin. Aber nun erst, da wir hinaustraten in die Trümmerszenerie der alten Kaiserstadt, wurde uns bewußt, daß es auf immer verloren war.

Wir gingen schweigend durch die zerschossenen, zerbombten, ausgehöhlten Straßen der Stadt. Mein Gefährte, der Einbeinige, beachtete kaum die mächtige Ruine des Rathauses, die steinernen Stümpfe der eingesunkenen Kirchen, die traurigen Überreste der alten Bürgerhäuser. Dies alles war ihm nun seit Jahr und Tag vertraut, und vielleicht galten seine Blicke mehr den wenigen Lorenbahnen, die da und dort eine Ladung Schutt aus dem Gebirge der Zerstörungen fuhren, nicht mehr als eine Handvoll, gemessen an dem schrecklichen Ausmaß der totalen Vernichtung. Aber es schien, als hätte er nicht einmal einen Blick für den Fortschritt der Arbeiten. Er achtete kaum auf die Steine und

Gleise, die er mit seinen Krücken fast schlafwandlerisch sicher überwand. Er schien vielmehr verbissen vor sich hin zu brüten, erfüllt von einer Vorstellung, einer Erinnerung oder einem Gedanken, den er einsam für sich zu Ende denken mußte, ehe er ihn, vielleicht, preisgeben würde.

Indem wir ohne ein Gespräch nebeneinander her gingen, jeder von der Last seiner Gedanken beschwert, erreichten wir langsam die Außenviertel der Stadt, wo sich im unmerklichen Auf und Ab der Erde das Hügelland der Nordeifel verliert.

Mein Wegkamerad wußte eine niedrige Kuppe, vielleicht früher einmal von Wald bedeckt, aber jetzt beinahe kahl, nur noch von Buschwerk und einigen wild wuchernden Baumstümpfen bestanden, deren Astwerk von Artilleriefeuer zerfetzt worden war und aus deren amputierten Gliedern sich nun allenthalben neues Blattgestrüpp drängte.

Er wies mit einer seiner Krücken auf die Mitte des Hügels: «Hier ist es gewesen. Hier haben sie mir das Bein abgeschossen.» Dann ging er noch zwei Schritte zur Seite und setzte sich, aufseufzend, auf einen Baumstumpf und starrte hinunter auf die Stadt.

«Sie müssen wissen», begann er wieder, «wir hatten viele Freunde drüben, jenseits der Grenze. Meine Frau stammt aus Vaals, gleich dort hinten, wo Sie die dunklen Hecken sehen. Jetzt fährt nicht einmal die Straßenbahn mehr hinüber. Unsere holländischen und belgischen Verwandten haben uns noch nicht wieder geschrieben. Der Krieg hat uns alle auseinandergebracht. Wir sind ein verfemtes Volk geworden.»

Und als wartete er auf gar keine Antwort, fuhr er stokkend fort, in kurzen, abgerissenen Sätzen, die wie Ausbrüche aus seinem gequälten Inneren kamen:

«Ich hatte zwei Kinder, der Junge sieben, die Kleine fünf. Sie waren bei der Großmutter in Wuppertal, als der große

Angriff kam. Man sagt, die meisten Menschen in Wuppertal sind verbrannt. Meine Frau kommt darüber nicht hinweg. Sie weint nicht mehr, aber ich sehe, daß sie daran denkt. Jeden Tag.»

«Erst war ich in der Rüstung. Ich habe ja Dreher gelernt. Aber dann kamen sie alle weg, einer nach dem anderen. Statt dessen kriegten wir die gefangenen Franzosen und die Holländer und die Belgier. Ich hab mich geschämt vor meinen Verwandten. Der Schwager meiner Frau und noch ein Vetter waren bei uns in der Baracke. Ich hab ihnen manchmal Brot gebracht. Na ja, dafür mußte ich dann gehen.»

«Ich hab die ganzen Jahre Rußland mitgemacht. Das geht einem nicht aus dem Kopf. Schließlich waren die ja auch Menschen. Ich hab ein paar Brocken Russisch gelernt, da waren sie immer sehr nett zu mir. Ich glaube, sie hätten uns gar nichts Böses getan. Die Bauern bestimmt nicht. Aber wenn man mit ansah, wie wir sie behandelt haben, von oben, meine ich, da mußten sie ja hinterhältig werden. Und je mehr erschossen und aufgehängt wurden, um so größer wurde der Haß. Der Rückzug war schrecklich.»

«Damals kriegte ich einen Schuß durch die Lunge, vorn in die Brust rein und hinten unter der Schulter raus. Ich hatte mordsmäßig Glück. Es heilte auch wieder, aber aus Rußland war ich raus. Das waren schöne Wochen damals, in Thüringen im Lazarett. Meine Frau kam hin und wohnte dort. Wir waren richtig glücklich.»

Er schwieg eine Weile und sann vor sich hin. Dann aber bekam sein Gesicht einen bösen Ausdruck.

«Als ich wieder an die Front kam, wollte sie zurück nach Haus. Aber sie ließen sie nicht. Damals wurde schon alles evakuiert, was an der Westgrenze wohnte. Die Invasion hatte ich glücklich verpaßt. Aber dieser Winter vierundvierzig auf fünfundvierzig, der war schrecklich. Ich war fünf Wochen hier bei Aachen eingesetzt. Es war heller Wahnsinn.»

Er zeigte auf den benachbarten Höhenzug:

«Dort lagen die Amerikaner, und hier waren wir. Dort hinten wieder die Amis, und so immer durcheinander, ganz verzahnt, daß man sich nicht mehr auskannte. Manchmal schoß unsere Artillerie den halben Tag auf die eigenen Stellungen. Die Leitungen waren ja alle kaputt. Und wir wußten doch alle, zu was das Ganze gut war. Es war eine Galgenfrist. Nichts als eine Galgenfrist, – aber nicht für uns.»

«Damals haben ein paar von uns gemeutert. Sie sagten: wir machen das nicht mehr mit. Der Gegner schmiß auch Flugblätter runter mit Zeichnungen, die zeigten genau unsere Lage. Wir waren von allen Seiten eingeschlossen. Natürlich wurden die Kameraden erschossen, weil sie nicht mehr spurten. So haben wir immer weiter gekämpft, bis wir keine Munition mehr hatten. Da lagen wir nur noch und ließen uns frikassieren. Damals ging mein Bein weg.»

Er spuckte aus.

«Jetzt wohnen wir im Keller, in der Ruine, dort hinten, wo die Straßenbahn hält. In einem Raum. Der war Luftschutzkeller und hat gehalten. Meine Frau arbeitet in der Textilfabrik. Aber sie sagen, daß sie bald nichts mehr zu weben hätten. Keine Kohle und kein Rohstoff. Was dann wird, weiß ich nicht. Es ist auch egal.»

Er erhob sich ächzend und ging langsam den Buckel hinunter, indem er abgebrochen weiter vor sich hin redete. Ich folgte ihm auf dem Fuße und hörte seine Worte wie eine Anklage gegen mich und gegen jeden.

«Ich lese jetzt oft, daß wir alle mit schuld sind. Gewiß, ich bin auch ein Deutscher. Aber den Krieg habe ich immer verflucht, das dürfen Sie mir glauben. Wir hatten nur unsere Bekannten hier und unsere Verwandten auf der anderen Seite. Mit denen haben wir uns immer gut verstanden. ‹Mintje›, habe ich zu meiner Schwägerin gesagt, ‹Mintje, so einen Krampf wie den Weltkrieg machen wir nicht noch mal mit. Wenn es wirklich Krieg gibt, ziehen wir zu euch und bleiben neutral. – Pustekuchen, mit einem Mal war der Krieg da und alles war schon passiert. Seitdem schreiben sie uns nicht mehr.»

Wir gingen wieder schweigend nebeneinander. Wir kletterten über ein paar Säulenstümpfe, die am Boden lagen, einige von ihnen zerkratzt und zersplittert von Schüssen und Granatfetzen. Dann lagen vor uns die Ruinen der Kuranlagen, in denen Träger und Gebälk und geborstene Säulen von Unkraut überwuchert wurden.

«Hier standen unsere Panzer damals», setzte er noch einmal an. «Es ist alles in Klump gegangen. Kein Mensch badet mehr in den Quellen. Das kostbare Thermalwasser versickert jetzt in der Erde. Manchmal denke ich, es versickert wie die Ströme von Blut, die wieder geflossen sind. Es ist alles umsonst.»

Drehscheibe zwischen den Zonen – Kassel

Die reisende Menschheit ist undankbar. Sie wertet die Städte, in denen sie zu Gast ist, nicht nach ihren Domen, ihren Palästen oder Ruinen, nicht nach ihren Theatern oder Kunstausstellungen – denn an all diesem hat sie keinen Anteil – sondern sie wertet die Haltepunkte ihrer ruhelosen Wanderung nur nach Zuganschluß, Nachtquartier und Verpflegung. Unaufhaltsam unterwegs, immer begierig nach der nächsten Verbindung, die weiterführt, strömt das regellose Heer der Heimatlosen von Nord nach Süd, von Ost nach West, hin und zurück, über die Zonengrenzen, durch die Passierstellen, durch die Wälder und Äcker der Grünen Grenze, und all die, die so auf Wanderschaft sind, nennen die Namen der Städte wie gute bekannte Begriffe und meinen doch nur: Bahnsteig, Wartesaal und Bunker.

Auf dem Bahnhof in Kassel treffen sich gegen Abend die Züge von Süden, die die Reisenden der amerikanischen Zone nach Norden tragen, die Züge von Norden, die den Verkehr aus der britischen Zone bringen, und die Züge von Osten, die eben die Prozedur des Grenzübergangs aus der russischen Zone hinter sich haben. Die ahnungslosen Neulinge, die in die andere Zone hinüber wollen, begegnen den frisch erfahrenen Abenteurern, die es eben geschafft haben. Furchtsame Grenzgänger, die schwarz in die eine oder andere Richtung fahren möchten, holen sich Erkundigungen bei jenen, die eben durch die Postenketten gebrochen sind. Die ganze Hilflosigkeit des geschlagenen Volkes, das die Wege durch die eigene Heimat nicht mehr kennt, offenbart sich in den Bunkergesprächen, die nun beginnen und die bis in die frühen Morgenstunden nicht abreißen.

Die Luft im Bunker ist stickig und verbraucht, schon wenn man ankommt. Zwischen den Sitzenden, Hockenden, Liegenden, Stehenden gibt es kaum einen schmalen Gang. Die vielen Einbeinigen, die auf Krücken hier hindurchstolpern, haben es nicht leicht, ihren Weg zu finden. Viele Menschen liegen einfach mitten im Gang. Ihre Gesichter sind nach oben gerichtet und scheinen die schweren Füße, die über sie hinwegtasten, nicht zu fürchten.

Hier hockt jede Sorte Menschen: Flüchtlinge mit kleinen Gebirgen von Gepäck, die noch keine Heimat vor sich sehen, obwohl sie ihre alte Heimat auf immer verlassen mußten. PW's, Prisoners of War, die aus englischer oder französischer Gefangenschaft heimkehren. Kriegsgefangene aus Rußland, die nach Westen wollen. Mancher hat noch das helle Dreieck auf dem Rücken, auf das die fremden Bewacher bei Fluchtverdacht zu zielen hatten, und das weiße PW auf Hose und Jacke. Sie tragen alle Sorten Uniformen, abgerissenes Feldgrau, das Olivgrün der Alliierten, verblichenes Seemannsblau, zerfranste Arbeitsdienstmäntel.

Es gibt viele Mädchen, die allein oder in Gesellschaft reisen. Oft haben sie noch den graubraunen Mantel des Arbeitsdienstes an, in dem sie als halbe Kinder in den Krieg, zum Schanzen und Gräben ausheben, gezerrt wurden. Inzwischen sind sie groß und beinahe schon alt geworden. Sie schließen schnelle Freundschaft für ein Stück Weg, für eine halbe Nacht, auch für ein Stück Brot oder eine Zigarette. Eine von ihnen liegt an den Seesack eines Amerika-Heimkehrers gelehnt und hat ihren Mantel und ihre Jacke geöffnet, damit der Freund weicher an ihrer Brust schlafen kann. Eine Rot-Kreuz-Schwester liegt in inniger Umarmung mit einem Jüngling in hellem Skianzug auf der Erde. Viele Frauen tragen Hosen, oft mit Rock und Mantel darüber.

Manche tragen ein Kopftuch. Sie alle bewegen sich in der Dürftigkeit ihres Anzugs, ohne noch davon zu wissen. Sie sind Landstreicherinnen der Eisenbahn geworden.

In einer Ecke des Bunkers dröhnt der Ventilator. Mühsam kämpft er gegen den Schwall verbrauchter Luft an, die sich fast sichtbar in den Schläuchen der vollgestopften Räume staut. Es ist so stickig hier, daß Streichhölzer und Zigaretten von selbst erlöschen. Erst in den frühen Morgenstunden wird es klarer, als der Vorrat an Tabak aufgeraucht ist. Langsam siegt der Ventilator.

Auf seinem riesengroßen, zitternden, tönenden, rasenden Gehäuse, geschüttelt von den Wellen seiner Vibration, liegen ein Dutzend erschöpfter Menschen und schlafen. Sie haben keinen Platz mehr in der Herberge gefunden.

Nun träumen sie mit offenen Mündern und verzerrten Gesichtern, und ich weiß nicht, welche grausamen Traumbilder ihnen das Rütteln und Donnern des Motors zaubern wird, welche schrecklichen Erscheinungen sie ängstigen werden, während sie auf diesem Ruhepolster einer Folterkammer liegen.

Irgendwo im Bunker spielt ein Mann auf der Ziehharmonika. Er spielt schon die ganze Nacht und wahrhaftig, es gelingt ihm, den Kreis lauschender Menschen, die wach oder halb schlafend um ihn sitzen, in eine Atmosphäre trügerischer Gelöstheit zu versetzen, ihnen dann und wann ein Lied, den Fetzen einer Melodie, ja vielleicht sogar ein Lächeln glücklicher Erinnerung an irgend etwas Verlorenes, Geliebtes zu entlocken. Unerschöpflich ist der Vorrat seiner Lieder. Und erst gegen vier Uhr früh verstummt auch er, um noch eine oder zwei Stunden vornüber zu sinken und zu schlafen.

Gegen den Lärm des Ventilators, gegen das Quietschen der Harmonika, gegen das unaufhörliche Raunen und Murmeln dieser vieltausend Menschen bahnt sich zaghaft, wo zwei beisammensitzen, ein Gespräch an und wird, kaum daß die ersten Minuten verstrichen sind, zur rückhaltlosen Beichte. Diese Elenden alle haben das Sich-genieren längst verlernt. Die Not, die Verzweiflung, die Ausweglosigkeit haben alle Barrieren der Selbstkontrolle weggespült. Eine kleine Frage genügt, ein ganzer Roman ist die Antwort. All diese Elternlosen, Vertriebenen, Ausgestoßenen, Heimatlosen, diese entlassenen Soldaten und vagabundierenden Arbeitslosen, diese Abgerissenen und Ausgebombten stehen miteinander auf Du und Du. Leben und Leid eines jeden liegen offen zutage und werden schonungslos preisgegeben.

Zwei Männer in abgeschabter Uniform kommen aus Frankreich. Sie haben in den Bergwerken gearbeitet und sind entflohen. In Mainz sind sie frech über die Brücke gegangen. Nun haben sie es geschafft. Haben sie es wirklich? Sie wissen nicht, wo ihre Frauen sind, sie wollen sie suchen.

Ein Mann kommt aus Stalingrad. Die letzten Monate war er in einem russischen Genesenden-Lager. Sie hatten dort 400 Gramm Brot zum Morgenkaffee und 400 Gramm Brot zur Mittagssuppe. Er wurde vor sechs Wochen mit 1200 Mann seines Lagers entlassen. Sie fuhren geschlossen bis Frankfurt/Oder und von dort aus jeder allein. Er ist Saarländer und will nach Haus. Wenn das Saarland französisch wird, will er Franzose werden. Der Krieg steht ihm bis hier. Die Politik auch.

Aus der Lagerzeit erzählt er kleine Einzelheiten. Sie hatten auch Rumänen, Italiener und russische politische Gefangene dort. Jede Woche einmal war Länderspiel der Fußballmannschaften. Gute Spieler wurden durch nahrhaftere Posten in Küche und Kantine fit gemacht. Der russische Kommandant sah auf äußerste Fairneß. Bei einem Regelverstoß disqualifizierte er die Italiener «auf Spielzeitdauer». Als die Deutschen entlassen wurden, baten die Italiener um ein einziges Revanchespiel. Der Kommandant gestattete es, und die Deutschen gewannen 3:2 gegen Italien.

«Ich habe letztlich auch einen Mann gesprochen, der aus Rußland kam», sagt ein Herr aus dem Dunkel einer Bunkerecke. «Er hatte eine merkwürdige Geschichte. Also eines Tages taucht bei Freunden von mir in Nürnberg ein entlassener Soldat auf und bringt Grüße von dem vermißten Sohn. Der Sohn hatte noch in den letzten Kriegswochen ein Bein verloren und lag jetzt in Magdeburg im Lazarett. Die Mutter, kaum daß sie das hörte, war entschlossen zu fahren und den Jungen zu holen. Der Vater erklärte sie für verrückt, aber sie bestand darauf und fuhr. Sie hatte Glück und fand einen Lastwagen, der sie bis nach Helmstedt brachte. Von dort ging sie über die grüne Grenze in die russische Zone. Am Abend des zweiten Tages war sie in Magdeburg. Aber der Junge war nicht im Lazarett; er war zehn Tage zuvor nach Halberstadt verlegt worden. Die Frau fuhr nach Halberstadt. Aber sie hatte Pech. Ihr Junge war vor zwei Tagen abermals verlegt worden, in ein Nest irgendwo im Harz, ich weiß den Namen nicht mehr genau. Sie reiste wieder los und kam in das Nest. Aber der Junge war weg. Er war denselben Tag davongelaufen. Er hatte solches Heimweh gehabt. Die Frau machte sich verzweifelt auf den Heimweg. Abends kommt sie an einen Wald, es ist schon dämmrig. Da sieht sie vor sich einen Mann mit Krücken auf der Chaussee. Sie will ihn nach dem Weg fragen. Sie fragt ihn und sieht ihm ins Gesicht: es ist ihr Junge! Die beiden haben die Nacht vier Stunden im Wald gelegen, bis der Posten passiert war. Dann sind sie über die Grenze gegangen. Am fünften Tag nach ihrer Abreise war die Frau wieder in Nürnberg – mit ihrem Jungen.»

«Da kann man ganz neidisch werden», sagt ein Mädel, das bisher schweigend zugehört hat. «Ich bin aus Ostpreußen, und alle meine Verwandten sind weg. Ich weiß von keinem, wo ich ihn finden soll. Als der Krieg ausging, war ich noch als Nachrichtenhelferin im Osten. Ich bin gar nicht mehr nach Haus gekommen. Überall, wo ich frage, sagen sie mir: Fragen Sie doch mal da und da. Aber wirklich helfen kann einem kein Mensch.» Kann hier überhaupt geholfen werden? Es scheint, als sollte dieses Volk nicht mehr zur Ruhe kommen. Während des Krieges verschickte man sie aus den Großstädten aufs Land, aus dem Westen nach dem Osten, um sie vor den Bombenangriffen zu schützen. Später wieder aus dem Osten nach dem Süden oder Norden. Sie wurden verjagt von den Tieffliegern, verlagert mit den Rüstungswerken, verscheucht von den weichenden Fronten. Als der Krieg zu Ende war, gingen sie auf die Wanderschaft, einander zu suchen. Dann kam die Rückevakuierung und schickte die Menschen vom Land wieder in die zerbombten Städte. Dann kamen die Flüchtlingstransporte aus dem Osten, aus dem Balkan, aus den geräumten Gebieten. Dann kam der Hunger. Dann kam die Arbeitslosigkeit.

Balzac könnte in diesem Bunker noch einmal neunzig Bände voll dramatischer Erzählungen schreiben. Und Käthe Kollwitz hätte, wenn sie noch lebte, hier auf Jahre hinaus Modelle für ihren Skizzenblock, je ein halbes Dutzend auf dem Quadratmeter.

Gegen Morgen kommt ein kalter Luftzug durch die Schleusen herein. Das Tageslicht dringt nicht in diese Höhle, aber an den da und dort Aufbrechenden, die rechtzeitig zu ihrem Zug anstehen wollen, erkennen wir den nahenden Tag. Wiederum tragen die Züge von Kassel aus ihre leidgejagte Last nach Norden, Osten, Süden und Westen. Für einen grauen Tag leert sich der Bunker. Für zehn Stunden, bis es wieder Abend wird.

Sagte ich Kassel?

Es handelt sich nicht nur um Kassel. Es handelt sich gleichermaßen um Bebra, Fulda, Eisenach, um Hof, um Helmstedt, um Frankfurt am Main, um München, um Berlin Stettiner Bahnhof – es handelt sich um jeden Umschlagplatz menschlicher Ware, um jede Drehscheibe, auf der der endlose Strom der Ratlosen auf eine neue endlose Straße geschickt wird.

Blick nach Osten – Frankfurt/Oder

Ich besaß eine alte Europa-Karte, auf der reichte das Königreich Polen für einen kurzen Zeitraum bis über die Warthe hinaus nach Westen und vor die Tore von Berlin. Andererseits bezeugen Bauten und Kunstwerke deutscher Meister das Wirken deutscher Kultur in vielen polnischen Städten. Immer sind die Grenzen zwischen Deutschland und Polen gleitend gewesen. In allen Atlanten, gleich welchem Jahrhundert sie entstammen, fließen die Länder an der deutschen Ostgrenze wie Pfannkuchen ineinander. Es gibt keine verbindliche Trennungslinie. In allen Jahrhunderten aber zogen deutsche Kaufleute und Handwerker, deutsche Gelehrte und Architekten nach Osten und gaben den Städten ihr Recht, ihre Form und ihr Gesicht. Geist und Klarheit der Deutschen haben sich immer mit der Phantasie, dem Temperament und der ursprünglichen Fruchtbarkeit der Slawen gestritten und vermischt. Die Auseinandersetzung zwischen Slawisch und Deutsch scheint hier von Ewigkeitsdauer zu sein.

Heute sind Oder und Neiße zu Grenzflüssen erklärt. Als erbarmungslose Demarkationslinien zerschneiden sie das Land und scheiden West von Ost. Unerbittlicher als jemals zuvor trennen sie die Völker. Und noch die Vorstädte von Guben und Frankfurt fallen dieser Grenzlinie zum Opfer: diesseits ist Deutschland, jenseits ist polnisches Hoheitsgebiet.

Ich stand am Stadtrand von Frankfurt an der Oder, wo die Flußniederung sich ins Maßlose verbreitert, und sah hinüber auf das Land, das die russische Politik nun den Polen zugesprochen hat. Es liegt wie ein erschütterndes Denkmal des Mißverstehens dort drüben: Land, das einem hungernden Volk genommen wurde, und das die neuen Besitzer scheinbar nicht (oder noch nicht) bebauen wollen. Leer und verlassen breiten sich die Äcker. Sie sehen aus wie mit Pech übergossen, von einer schwarzen, unnatürlichen Farbe, wie ich sie niemals zuvor gesehen habe. Es ist die Frucht, die auf dem Halm verfaulte. Haben die Zweifler recht, die dem Volk jenseits der Oder die Fähigkeit zur eigenen Staatsbildung, zu eigener Wirtschaft, zu Aufbau und Saat absprechen? Oder ist es nur die Ungewißheit der künftigen Entwicklung, die die polnischen Bauern davon abhält, an die Arbeit zu gehen und das Land zu bebauen?

Ich sah immer nur hinüber auf die schwarzen Äcker. Kein Vogel sang in der Luft. Man meinte, die furchtbare Stille brausen zu hören.

Eine Holzbrücke führt etwa zweihundert Meter nördlich der früheren Oderbrücke über den Fluß. In der Odervorstadt wohnen noch etwa dreißig bis vierzig polnische Familien, mit ihnen sechs deutsche Handwerkerfamilien, die ihnen die Schuhe besohlen, die Dachschäden richten, die Tische und Stühle reparieren. Das ist alles. Manchmal kommen polnische Siedler und setzen sich in einem der Höfe drüben fest. Aber sie bleiben nicht lange. Das faulende Land verjagt sie wieder. Es scheint kein Leben zu dulden.

In den Ruinen der Stadt Frankfurt aber, auf der deutschen Seite, herrscht laute Betriebsamkeit. Die Straßen sind erfüllt von Lautsprechermusik, die Jazz und fröhliche Weisen sendet. Allenthalben in den zerstörten Stadtvierteln, am Markt und draußen in den Vororten stehen die kleinen Schnapsschenken, in denen man einen billigen Rachenputzer zu 1,80 und 2 Mark bekommt, ein Gläschen Likör zu 4,50 Mark. Dreiviertelliter-Flaschen, die eine Zeitlang leicht zu haben waren, sind schon erheblich seltener geworden. Und man muß den Wirt gut kennen, wenn man sie für 42 Mark an der Theke bekommen will.

An den Fassaden der ausgebrannten Häuser, an den früheren Kinofronten und an den Trümmern des Rathauses prangen die leuchtend roten Transparente der SED, und auch die CDU und die LPD tauchen gelegentlich mit einem Plakat im Straßenbild auf. Leere Straßenbahnen mit ein, zwei Anhängern fahren mit Wahlpropaganda durch die Stadt, und Personenwagen mit Lautsprecher werben für die sozialistische Einheitsbewegung.

Zwischen all diesem lauten Trubel hastet eine verarmte, vielfach abgerissene Bevölkerung ihren Alltagssorgen nach. Die Frauen haben es nicht leicht, die geringen Zuteilungen einzukaufen, ehe die vorrätigen Mengen verausgabt sind oder die Abschnitte der Dekade auf den Lebensmittelmarken verfielen. Fett und Fleisch sind rare Artikel geworden und die Wurst, die hier von Zeit zu Zeit auf Fleischmarken angeboten wird, kaufen die Hausfrauen in Süddeutschland freitags markenfrei und in vierfacher Menge.

Am Tunnel in der Nähe des Bahnhofs drängen sich die Käufer und Verkäufer des Schwarzen Marktes. Oft sind es entlassene deutsche Landser, die in einer schäbigen Aktentasche ihren kleinen Warenvorrat anbieten: mittelmäßigen Tabak, deutsche Zigaretten, gelegentlich auch eine amerikanische Fleischbüchse, die zu besonders hohem Preis weggeht. Eine russische Streife hält sich in der Nähe des Schwarzen Marktes auf und greift von Zeit zu Zeit ein. Kurz darauf bietet sich wieder das alte Bild. Der Hunger nach Rauchwaren, um sich ein wenig anzuregen oder zu betäuben, ist stärker als die Angst vor Bestrafung. Und die drei Zigaretten, die gelegentlich zugeteilt werden, reichen für diesen Hunger nicht aus.

Aber all dies Leben in der Innenstadt fließt nur aus den

Vorstädten herein und verrinnt wieder mit den Abendstunden. Die alte Stadtmitte ist zerstört. Von der Oderbrücke bis zum früheren Wilhelmsplatz, und vom Fluß herauf bis an den Park steht kein Haus, kein Ladengeschäft mehr. Das Rathaus ist eingeäschert. Unter einem halben Giebel starren nur noch die Betonblöcke, die gegen Bombensplitter schützen sollten, und die schmalen Öffnungen von Schießscharten in die menschenleere Umgebung. Ein Spruchband leuchtet an der hohlen Ruine: «Dazu brauchte Hitler 12 Jahre Zeit!»

Die doppeltürmige Marienkirche ist ausgebrannt, die Gertraudenkirche ist besser erhalten und wird wieder ausgebaut. Das alte Universitätsgebäude steht noch. Aber seine Einrichtung ging in den Tagen allgemeiner Plünderung zunichte. Es gibt ein Lichtspieltheater im ehemaligen Tanzsaal «Bellevue», wo deutsche und russische Spielfilme laufen. Und das Stadttheater spielt jetzt draußen im «Musikheim», – ein wenig dürftig, aber doch ein Theater. Viel mehr Unterhaltung bietet die Stadt nicht mehr, und ich glaube, den meisten Bürgern ist auch nicht danach. Zu schwer lastet die Not des Alltags und die Sorge um das Morgen auf allen.

Viele haben sich der herrschenden Partei angeschlossen, in der Hoffnung, auf diese Weise näher an die kargen Gaben des Lebens heranzurücken. Viele halten sich abseits. Mancher Familie fehlt auch noch die Nachricht von Mann oder Sohn, und mit nie erlahmender Erwartung blicken sie den langen Zügen heimkehrender Kriegsgefangener entgegen, die hier, aus Rußland kommend, nach Deutschland entlassen werden. Am äußersten Rande der arm gewordenen Heimat, abgeschnitten vom ehemaligen Hinterland, der Nahrungsbasis und der früheren Käuferschaft, vereinsamt und verlassen liegt die Stadt am Ufer der Oder und wartet einer ungewissen Zukunft entgegen. Soll das Land auf der anderen Seite des Flusses wirklich für immer verloren sein? Gibt es noch einen Ausweg, jenseits von Haß und Vergeltung? Mir scheint, daß hier mehr auf dem Spiele steht als das Schicksal einer Stadt oder einer Provinz. Hier muß ein Weg gefunden werden, eine Chance für Verstehen und Frieden, wenn nicht auf immer dieser schreckliche Spalt zwischen zwei Völkern fortbestehen soll. Es hat mehr als zuviel Mißbrauch der Macht zwischen beiden Nachbarn gegeben. Ist es wirklich unmöglich, ein Leben nebeneinander und miteinander zu führen?

Traum vom Barock – Würzburg

Der Mittelbau der Würzburger Residenz steht. Über dem Treppenhaus, das Balthasar Neumanns herrlichstes Bauwerk war, leuchtet ungetrübt der farbige Himmel, den Tiepolo mit der Fülle seiner Phantasiegestalten bevölkerte. Hier, in diesem steinernen, lichterfülltem Tempel des Barock sollte man die Freunde Würzburgs zu einem letzten festlichen Requiem versammeln: Mozarts Es-dur-Sinfonie sollte jubelnd erklingen und diesem einzigartigen Wunderwerk einer von der Schönheit beseelten Stadt zum Abschied singen.

Denn Würzburg ist vernichtet. Seine Straßen, die den Himmel und die Sonne widerspiegelten im Leuchten ihrer hellen Mauern, sind zusammengestürzt. Seine Madonnen, die allenthalben an den Hausecken standen, sind verbrannt. Seine Erker sind zerfallen. Seine Kirchen sind in sich zusammengesunken. Seine Höfe sind verschüttet. Nur in der Tiefe seiner ungeheuren Weinkeller weht noch ein später Hauch von jener Seligkeit, jenem Reichtum, jenem Rausch, der diese Stadt verzaubert hielt.

Ich glaube nicht, daß irgend jemand, der heute oder später an die Stätte dieser Verwüstung kommt, sich vorstellen kann, wie es hier vordem ausgesehen hat. Er wird sich das Bild dieser Stadt, auch wenn man ihm Fotos und alte Stiche zeigen wird, sowenig vorstellen können, wie wir uns in das Leben der Stadt Pompeji vor ihrer Zerstörung oder in die Situation von Rom oder Athen zu klassischer Zeit hineindenken können. Er wird unsere Schilderungen mit ungläubiger Miene anhören und die Bilder wie merkwürdige Dokumente einer lange vergangenen Zeit betrachten. Er wird sagen: Ja, ja, sehr schön, – und wird nichts begreifen. Grundrisse lassen sich rekonstruieren. Aber Geist und Atmosphäre, Luft und Licht kehren in die Rekonstruktionen nicht zurück.

In den Straßen dieser Stadt liegen jetzt die Gleise der Lorenbahnen, die beginnen, den Schutt abzufahren. An jeder Kreuzung ist der schmale Schienenstrang in einen Erdwall gebettet, um den Lastwagen und Personenautos der Amerikaner das Überfahren der Gleise zu erleichtern. So bieten die Straßen Würzburgs das Bild einer regellosen, flachen Hügellandschaft, auf der sich fauchend und pfeifend die kleinen Lokomotiven mit ihren langen Wagenreihen bewegen.

Dazwischen ragen die Ruinen der ausgebrannten Häuser, und manchmal ist an einem Stück von ihnen noch ein Abglanz der alten Schönheit zu erkennen.

Es gibt noch den Dom. Seine Türme sind gekappt wie Masten im Sturm. Die barocke Festhalle des Kirchenschiffs ist ein Jahr nach dem Brand eingestürzt. Nun steht der Rest nackt und bloß wie eine großartige Kulisse im Freien: die rechte Seite der Kirche mit ihren weißen Stukkaturen, mit den in die Mauern eingelassenen Grabsteinen, die Tilman Riemenschneider fertigte, und mit dem Blick in den lichten Chor, der wie ein hohes wunderbares Bühnenhaus anmutet.

Es gibt noch das Neumünster. Seine gewaltige rote Fassade steht mit dem Überschwang ihrer barocken Kraft frei inmitten niedergelegter, schon planierter Straßenviertel. Einst kam man aus engen Gäßchen auf sie zu, so daß sie vor einem aufstand wie ein Altar. Nun, in der Beziehungslosigkeit des leeren Raumes, wirkt sie ganz unsinnig, – Torso eines Ganzen, ähnlich wie die einzeln stehenden Säulen auf dem Forum Romanum nur noch Torso eines einstigen Ganzen sind. Alles, was zu ihrer Umgebung gehörte und sie einfügte in das

Gesamtwerk, fehlt. Wie durch ein Wunder blieb der Kuppelraum der Neumünsterkirche, der sich hinter der mächtigen Fassade verbirgt, erhalten. Es wölbt sich schon wieder ein Notdach darüber. Wie einsam wird diese Kirche fortan in ihrer Vollkommenheit sein.

Es gibt noch eine Ahnung von der Marienkapelle. Das kleine gotische Kirchenschiff ist nun eine ganz zarte, hohe Ruine. Die Sonne fällt ungehindert durch die offenen Spitzbogenfenster des Chors in die Kirche und erfüllt sie mit blendender Helligkeit. Die Säulen tragen unter den gerankten Baldachinen keine Heiligen mehr. Nur der spitze Turm ragt unzerstört über den offenen Raum und hält die vergoldete Maria in der Glorie hoch in den blauen Himmel. Neben dieser zauberhaften Ruine steht der ausgebrannte Traum des «Hauses zum Falken». Welch unbeschreibliche Lust an der Architektur entfaltete sich einst an den Fenstern, Gesimsen und Wandflächen dieses Hauses. Kann man diese heiterste Schöpfung des Rokoko einem Menschen begreiflich machen, der sie nicht gekannt hat? Er wird vergebens einen Sinn in den brandgeschwärzten Stukkatur-Wulsten am Gemäuer dieser Ruine erkennen. Er kann das selige Herzklopfen nicht empfinden, das uns der Anblick dieses Hauses in seiner Vollkommenheit jedesmal neu verursachte.

In der gewaltigen Ruine des Juliusspitals liegt noch geborgen der kleine Raum der Apotheke, die wohl die liebenswerteste Apotheke dieser Erde war. Ein Bretterverschlag versperrt nun den Eingang. Keine Schwestern wiegen mehr hinter dem Rankenwerk des schmiedeeisernen Gitters die Pülverchen für ihre Kranken. Und es gibt keine alten Leute mehr, die in ihren Mußestunden durch den stillen Garten des Spitals wandeln, in dem der wunderschöne Vierströmebrunnen noch immer wie ein Diadem im Grünen steht.

Der Wunderbau der Residenz krönt noch die leer gewordene Stadt. Aber seine Seitenflügel sind ausgebrannt, und nur im Mittelbau umfängt uns noch die Atmosphäre jener reichen Zeit, die sich, nur ein dreiviertel Jahrhundert nach dem Dreißigjährigen Krieg, dieses Denkmal ihrer Herrlichkeit erbaute. Im weitläufigen Residenzgarten stehen die Putten fast vollzählig in den Laubengängen und auf den Balustraden. Hier vielleicht blieb am intensivsten der Zauber bewahrt, den ganz Würzburg einmal besaß.

Die alte Mainbrücke ist ein erbarmungswürdiges Denkmal für die Selbstmörder Deutschlands geworden: sie wurde von deutschen Truppen noch nach der völligen Zerstörung der Stadt gesprengt. So stehen nun die mächtigen Heiligen, die mit Schwert und Bischofsstab einst überzeugende Wahrzeichen dieser Stadt waren, geköpft, zerschlagen und entstellt auf den steinernen Pfeilern der zerstörten Brücke. Und die ausgebrannten Fluchten der Feste Marienberg krönen das traurige Bild.

Vielleicht werden die gewaltigen Bastionen dieser bischöflichen Festung unseren Enkeln eine Ahnung von der einstigen Pracht und Größe dieser Stadt vermitteln können. Vielleicht werden sie, wenn sie am glücklich erhaltenen «Käppele» stehen und über die architektonische Sinfonie seiner Wallfahrtstreppe hinunter auf die Stadt blicken, einen Hauch vom Geiste des Barock verspüren. Vielleicht erklingt ihnen eine ferne Melodie dieser lebensfrohen Zeit auf den Steinbalustraden des Residenzgartens. Vielleicht wird es in späteren Jahren wieder Stein- und Leistenwein geben, der in einer Kellerklause unter der Stadt oder in einem wiedererstandenen Weinhaus «Zum Stachel» aus bauchigen Bocksbeuteln geschenkt wird. Vielleicht wird in diesem sonnenerfüllten Tal des Mains, zwischen seinen reichen Weinbergen, die wie Festungen des Weines anmuten, aus dem Reichtum der Landschaft und dem Licht ihres Himmels wieder eine Stadt erstehen, die den Glanz und den Zauber Würzburgs hat. Vielleicht.

Aber für uns und die, die auf uns folgen, ist der Traum dieser Stadt ausgebrannt bis auf den Grund.

Ich entdeckte, als ich wieder und wieder durch die toten Straßen ging, unweit der Residenz eine Figurengruppe, die mir früher nicht aufgefallen war: Gott Chronos als geflügelter bärtiger Mann weist der Muse der Geschichte, Klio, mit ausgestrecktem Zeigefinger die Zeit. Er beugt sich über die Aufhorchende, Schreibende wie ein Herrscher, flammend vor Zorn. Sein Bart weht im Sturm. Und sein mächtiger Finger reckt sich weithin über die vernichtete Stadt. Es ist, als stellte der Gott der Zeiten selbst die vorwurfsvolle Frage, welche Regung des menschlichen Herzens, welcher Gedanke eines menschlichen Hirns einen zwingenden Grund gefunden habe, diesen Traum von Menschenhand zu vernichten.

Würzburg starb vierzehn Tage vor Schluß des zweiten Weltkriegs. Ein guter Würzburger Freund sagte, sooft wir uns in den langen Kriegsjahren um das Schicksal der Stadt bangten, mit glücklicher Gewißheit: «Ich habe keine Sorge. Einem schönen Mädchen tut man nichts.»

Er hat leider nicht recht behalten.

Das Musterstädtchen – Tübingen

Wenn ich einem meiner ausländischen Freunde eine typische deutsche Stadt zeigen sollte, das unzerstörte Musterbeispiel einer Stadt mit aller Tradition, aller Romantik und Enge, und doch auch mit aller Moderne, – ich würde ihn nach Tübingen führen.

Da ist der liebliche Fluß, an den sich die Stadt mit Häusern und Gärten schmiegt, mit kleinen Erkern und spitzigen Türmchen, die sich im still bewegten Wasser spiegeln. Da ist das malerische Gewirr der Gassen, die hinauf zur Stiftskirche und zum Schloß klettern und an deren Giebeln noch die vielgestaltigen Wirtshausschilder prangen, die in dunkle, breite Stuben locken. Da ist das bunt bemalte Rathaus, der steinerne Brunnen, das verträumte alte Stift. Die Straßen sind erfüllt vom Plaudern der Hausfrauen, die zum Markt einkaufen gehen, vom schweren Rollen der Bierfuhrwerke, vom Tändeln der Mädchen und Studenten. Die kleine traditionsreiche Universität ist da, die ihren Studenten und Professoren ein Stück Heimat bedeutet, menschlich und geistig. Es gibt in allen Stadtvierteln die billigen, etwas altmodischen Studentenbuden, in denen noch immer die Bilder vom Großvater vor Sedan und von der Großmutter im Brautkleid hängen, ängstlich gehütet von garstig-liebevoll besorgten alten Damen, die nichts anderes kennen als Zimmer an Studenten zu vermieten. Ja wirklich, es ist alles da, was den typischen Deutschen geformt hat: ein bißchen Romantik, ein bißchen Sehnsucht, das Streben nach Wissen und Weite, Gesang und Musik, Arbeit, Sparsamkeit und jene Enge, aus der der einzelne immer wieder hinausstrebt und die die Gesamtheit doch niemals zu überwinden vermag. Aber ich täte Tübingen unrecht, wenn ich es nur als ein romantisches altes Studentenstädtchen zeichnen wollte. Es wäre dann auch gar nicht das Musterstädtchen für unsere Gegenwart.

Es hat in Wirklichkeit weit mehr Farben und Schattierungen, die Krieg und Nachkriegszeit hereingetragen haben, auch wenn nichts zerstört wurde. Tübingen ist heute Hauptstadt der französisch besetzten Zone von Württemberg. Ein eigenes Staatssekretariat führt die Verwaltung der südwürttembergischen und hohenzollernschen Landkreise, und es ist kein Zweifel, daß diese neue Aufgabe der Stadt nicht nur einen Zuwachs an politischer Bedeutung, sondern auch ein Mehr an Leben und Temperament gebracht hat. Im Straßenbild begegnen nun französische Offiziere und Soldaten den biederen Einwohnern der Stadt. Die kleinen Tübinger Mädchen haben den Frauen der Franzosen schon mancherlei abgesehen: sie tragen sich alle ein wenig kapriziöser und fescher, als sie es vordem gekonnt haben. Sie wagen Frisuren und Farben, die hier neu sind. Und wenn es nur eine bunte Schleife im Haar ist, – man spürt den belebenden Einfluß des Fremden.

In vielen Häusern wohnen nicht nur Studenten und Angestellte, sondern nun auch französische Verwaltungsbeamte und ihre Familien. Die Wirtinnen müssen ein wenig umlernen und hinzulernen. Man muß zusammenrücken. Es ist allenthalben ein bißchen enger geworden, aber sicher auch ein bißchen interessanter.

Neben den alten Ladengeschäften der Stadt, in denen der Mangel so allmächtig herrscht wie überall in Deutschland, locken nun die Zeitschriften-Auslagen der Franzosen, die Lichtbildfenster mit Neuigkeiten aus aller Welt und die neuesten französischen Modeberichte, vor denen die Frauen und Studentinnen in ihren abgetragenen Kleidern ein wenig traurig stehen, mit einem leisen Seufzer und einem Herzen voli unerfüllbarer Wünsche. Viele von den altvertrauten Gasthöfen sind Kantinen und Kasinos der Besatzungsmacht geworden: «Foyer du soldat» – «Popote des Sous-Officiers» – «Club des Officiers». Auf der unzerstörten Brücke, über die der Fußgänger- und Radfahrer-Verkehr unaufhaltsam hinüberflutet, weht einen im Vorübergehen der Duft französischen Parfums in die Nase. Eine leise Spannung liegt in der Luft, ein Hauch vom Atem Frankreichs, eine winzige Spur Paris.

Diese Anregung von französischer Seite wirkt sich spürbar aus in der aufrichtigen Förderung des geistigen und kulturellen Lebens. Die alte Universität, die Graf Eberhard im Barte gestiftet hat und aus der so viele bedeutende Geister ihren Weg ins Herz der Deutschen genommen haben, hat mit Vorsprung vor allen anderen deutschen Universitäten ihren Lehrbetrieb wieder aufgenommen. Die Zahl der Studenten ist weit größer als das Fassungsvermögen der Hörsäle und Seminare. Mit einem Eifer ohnegleichen stürzt sich die Generation, die so viele Kriegsjahre als verloren buchen muß, in die Arbeit. Und die neu eingeführten Zwischenprüfungen, die zur Steuerung des akademischen Nachwuchses eingerichtet wurden, beweisen, daß diese jungen Menschen mit ehrlichem Bemühen an ihre Aufgaben gehen. Der Kontakt der Dozenten zur Gesamtheit der Lernenden und darüber hinaus zur Tübinger Bevölkerung festigt sich in den freien Donnerstag-Vorlesungen, die den großen und allgemeinen Themen gewidmet sind, und in einer Vortragsreihe «Besinnung», in der führende Männer aus ganz Deutschland zu den Problemen der Zeit Stellung nehmen.

Eine eigene Zeitschrift, «Universitas», an der alle Tübinger Professoren mitarbeiten, bemüht sich um die Gesamtschau der Geisteswissenschaften, wie sie einst das Wesen der deutschen Universitäten bestimmte. Ausländische, meist französische Gastvorlesungen knüpfen neue Beziehungen zur abendländischen Welt. Im kleinen Rahmen dieser alten Stadt wird wirklich ein Stück Europa lebendig.

Theater und Musikleben sind von der gleichen Regsamkeit erfüllt. Tübingen, das früher nie ein eigenes Theater besaß, hat sich mit der Nachbarstadt Reutlingen zu einer Arbeitsgemeinschaft zusammengeschlossen: die Reutlinger stellen den Fundus an Kostümen, Dekorationen und Ausstattung, die Tübinger die Schauspieler und Regisseure. So kamen hier zahlreiche Schauspiele zeitgenössischer französischer, amerikanischer und deutscher Autoren auf die Bühne, dargestellt von hervorragenden Kräften aus allen deutschen Großstädten. Die Anteilnahme der Tübinger Bevölkerung ist bemerkenswert groß. In der ehrwürdigen Stiftskirche gab es darüber hinaus wunderbare Aufführungen geistlicher Musik. Johann Sebastian Bach wurde in seinen Kantaten und Passionsliedern wieder lebendig. Und viele Kunsthungrige aus Süd- und Mitteldeutschland pilgerten zu den Kunstwochen des Jahres 1946, die eine überraschende Auswahl anspruchsvoller Ausstellungen und Aufführungen boten.

Die alte kleine Stadt ist nicht eingeschlafen in ihren verträumten Häusern, die vom Bersten der Bomben verschont blieben. Sie hat den Anschluß an das Heute durchaus gefunden. Ja mehr noch, sie hat mit ihrem sachlichen und geistigen Bestand eine Führungsrolle auf dem mühevollen Weg übernommen, Deutschland aus seiner verzweifelten Situation wieder herauszuführen. Denn auch das gehört zum Charakter dieses Musterstädtchens: daß sich seine Einwohner ihrer geistigen Tradition bewußt sind, daß sie neu begreifen, daß Deutschlands Rolle in der Welt nur auf seiner geistigen und künstlerischen Kraft beruhen kann, wie sie von einem Kepler, Hegel und Hölderlin ausgegangen ist.

Silberstadt im Keller – Pforzheim

Berlin, Frankfurt, Würzburg, Dresden sind mir bekannt im Ausmaß ihrer Zerstörung. Anders als all diese erlebte ich Pforzheim als das konkrete Beispiel einer Stadt, die wirklich ausgelöscht ist. Man sagt, daß es zu 80 % zerstört sei. Aber bei dieser Angabe hat man die eingemeindeten Vororte mitgezählt. Die Stadt selbst ist zu 100 % in Trümmer gelegt. Es gibt in Pforzheim kein Haus mehr.

Ich war gespannt zu sehen, mit welchen Maßnahmen eine solche Stadt sich aus dem eigenen Grabe schaufeln würde. Vom Augenblick meiner Ankunft auf dem zerstörten Bahnhof an bemühte ich mich, alles zu sehen und kennenzulernen, was hier zum sogenannten Wiederaufbau geschieht. Das Ergebnis war überraschend.

Zunächst ist es schwer, in den unabsehbaren Trümmermassen eine Richtung zu finden. Aber dann stößt man auf den schmalen Strang der Straßenbahn, für die die Pforzheimer in monatelanger Arbeit langsam eine enge Gasse durch den Schutt gegraben haben. Sie bildet die einzige Verbindung mit dem unzerstörten Vorort Brötzingen, in dem jetzt die Stadtverwaltung sitzt und von dem aus diese merkwürdige Stadt nun regiert wird.

Pforzheim hatte, ehe es in die Rüstungsindustrie eingespannt wurde und daran zugrunde ging, eine beinahe monopolartige Stellung in der deutschen und europäischen Schmuckwaren-Herstellung. Es gab hier Hunderte von Gold- und Silberschmieden. Vom einfachen Besteck bis zum kostbaren Geschmeide wurde hier jede Art von

Schmuck hergestellt. Von all diesen Werkstätten und Fabriken ist heute nichts mehr zu sehen. Nicht einmal das Firmenschild irgendeines alten Unternehmens ragt aus den Trümmern. Auf den mächtigen Steinhaufen stehen, wahllos verstreut, nur die hölzernen Grabkreuze und Gedenktafeln für die Toten. Viele dieser Grabstätten sind mit frischen Blumen geschmückt: einfache Feldblumen in Konservendosen, oder auch, je nach der Jahreszeit, ein Strauß duftenden Flieders, müder Rosen oder brennender Astern. Die große Zahl dieser rechts und links ragenden Grabhügel ruft die Situation Pforzheims ununterbrochen deutlich ins Bewußtsein: Diese Stadt starb.

Aber dem widersprechen die Arbeiter an den Loren, die den Schutt abfahren, die Tiefbauarbeiter, die das Leitungsnetz flicken, die Männer auf den Mauerresten, die die großen Steinbrocken in die Tiefe werfen, die Monteure, die die Brücken schweißen. Dem widerspricht vor allem der frische, unbefangene Ton, mit dem mir jeder von diesen Männern begegnet. Jeder hat ein fröhliches Wort, jeder hat einen Anlaß zu lachen. Hier wird nicht nur geschippt, sondern es herrscht auch die richtige Stimmung dazu. Und man spürt, daß das Schippen hier eine Aufgabe für jedermann ist. Arbeiter, Angestellte und Unternehmer greifen zur Schaufel. Jeder, der seine alte Arbeit wieder aufnehmen will, hilft zuvor ein paar Wochen an der Beseitigung des großen Trümmerhaufens. Eine kleine Gruppe von Männern arbeitet an den hohen Ruinen der Schloßkirche. Kirchenschiff und Chor sind schon freigelegt, und in einer kleinen Seitenkapelle zeigt mir ein freundlicher Mann in mittleren Jahren die kleine Kunstsammlung, die er zwischen den Steinbrokken zusammengeklaubt hat. Dieser Mann, der von der Stadt eigens bestellt wurde, als Bildhauer das noch zu Rettende zu sichten und zu sammeln, nimmt jeden geborstenen Stein, jede Schaufel voll Schutt in die Hand, ehe die Arbeiter sie hinausfahren. Ein paar wundervolle Grabplatten konnte er beinahe vollständig wieder zusammensetzen. Ein kostbarer Schlußstein aus dem gotischen Gewölbe der Kirche blieb wie durch ein Wunder erhalten. Und wie ein magisches Überbleibsel aus uralter Zeit erscheint mir ein steinerner, bärtiger Petruskopf, der durch den Brand gesintert wurde und nun mit einer grünen Lasur überzogen ist.

Stein um Stein – im wörtlichen Sinne – tragen so die Pforzheimer das Material für den Neubau ihrer geliebten Schloßkirche zusammen. Eine reich ausgestattete Stiftung der Bürgerschaft unterstützt dieses Vorhaben. Es wird in Pforzheim auch für kulturelle Ziele geschippt.

Man hatte mir erzählt, daß unter den Trümmern teilweise schon wieder gearbeitet, ja sogar fabriziert würde. Das schien mir, als ich die schreckliche Landschaft zerschlagener Straßen überblickte, unmöglich. Aber dann traf ich auf eine Brauerei, die ihre fehlenden Mauern aus alten Bierflaschen-Behältern ergänzt hatte. Und dann fand ich einen Betrieb, aus dessen Kellergewölben das Stanzen und Stampfen der Maschinen dröhnte. Hinter der Mauer eines ausgebrannten Fabrikgebäudes saßen die Werkmeister auf alten Gerätekisten und kratzten Rost und Ruß von ihren eisernen Prägeformen. Durch eine gesplitterte Wand drang Licht. Die berühmte Pforzheimer Schmuckwaren-Industrie läuft wieder an. In einem mächtigen Keller standen ausgebrannte Maschinen, die eine und andere wurde eben repariert. Manche von ihnen werden auseinandergenommen und mit verwertbaren Teilen anderer Maschinen wieder betriebsfähig gemacht. Aus vier Stanzmaschinen wird eine. An einer dieser großen Pressen saß ein Arbeiter. Unbekümmert um die Trümmer ringsum, die fehlenden Mauern, das fehlende Dach saß er an seiner Maschine und prägte aus Abfallblechen kleine Aschenbecher. Mit solchen winzigen Schritten beginnt die heimische Industrie ihren neuen Weg.

Anderswo wurden aus kleinen Blechplatten Bratpfannen geschnitten und gepreßt. Bratpfannen sind vorerst dringender als Silberschmuck. Aber nebenan im Freien bürsteten sie schon den Rost von den Prägeformen für silberne Eßbestecke. Demnächst soll Altsilber kommen. Pforzheim arbeitet schon seit 1934 nur mit Altsilber. Durch den Bombenkrieg ist neuerlich viel verwertbares Altsilber angefallen, das eingeschmolzen und neu benutzt werden kann. So wird es nicht beim Stahlblech bleiben. Die Stadt unter der Erde wird auch wieder Edelmetalle verarbeiten.

Ein Werk, das früher 700 Arbeiter und Arbeiterinnen beschäftigte, hat jetzt schon wieder hundert Männer. Solange die Reparaturarbeiten andauern, kann man keine Frauen gebrauchen. Aber dann, wenn man halbwegs wieder unter Dach und Fach sein wird, sind auch die weiblichen Arbeitskräfte wieder willkommen. Einstweilen gibt es weder Dach noch Wände. Das Holzgerüst für das Dach wurde eben aufgestellt, als ich hinzukam. Aus den Backsteinen der eigenen Ruinen wurden Mauern aufgerichtet. Wo Mörtel fehlt, setzt man die Steine lose zusammen, um einen Windschutz zu haben. Das langsam aus dem Boden wieder wachsende Werk ragt wie ein Stück Leben aus dem Gebirge der Ruinen.

Wie leben diese Menschen, die alles verloren haben? Sie kommen morgens aus den Vororten und benachbarten Dörfern, in denen sie eng und sehr behelfsmäßig untergebracht sind. Um ihnen zum notdürftigsten Hausrat zu verhelfen, hat die Stadtverwaltung eine «Kartei der Not» angelegt. Jeder Einzelfall wird genau registriert, Besitz und Bedürfnis eines jeden werden eingehend verzeichnet.

Von allen Waren, die nach Pforzheim gelangen, zweigt die Stadt 20 Prozent für die Ausgebombten ab. Die Kartei der Not regelt die Reihenfolge der Verteilung. Man bemüht sich nach Kräften, gerecht zu sein.

Aber beinahe wichtiger als Wäsche, Kleidung und Hausrat ist die Wohnungsfrage. Um jeden irgendwie reparaturfähigen Wohnraum wieder herzustellen, hat Pforzheim eine Notlösung ersonnen, die vorbildlich ist: eine Gemeinnützige Gesellschaft übernimmt alle Reparaturen und Wohnbauten. Es spielt keine Rolle, ob der Besitzer des Grundstücks oder der Ruine auffindbar ist, ob er lebt, ob er vermißt wird, ob er die Kosten tragen kann oder nicht. Die Gesellschaft finanziert augenblicklich die Reparaturen und schafft den Wohnraum. Aus den künftigen Mieten werden die Auslagen getilgt. Nach Bezahlung der Baukosten steht der Bau dem Besitzer wieder völlig zur Verfügung. So geht keine Zeit verloren. Es kann sofort begonnen werden.

Jedoch die Stadtverwaltung erschöpft sich nicht in Reparaturen und Flickarbeiten. Man hat die einmalige Chance erkannt, auf der Basis des vollkommenen Nichts eine wirklich neue Stadt zu errichten, und man ist der Lösung dieses Problems mit einer bis ins einzelne gehenden Planung zu Leibe gerückt. Zwei Pforzheimer Architekten haben die Aufgabe angepackt und über das Straßennetz des alten Stadtplans die Struktur einer neuen Stadt gelegt, die alles erfüllen soll, was bisher unerfüllbar war. In detaillierten Plänen sind die künftigen Straßenzüge entworfen, die kommende Verkehrsführung, die Anlage der öffentlichen Gebäude und der Wohnviertel, die teilweise Umsiedlung der Industrie, die Schaffung ausreichender Grünflächen, die Erhaltung wertvollen Obst- und Weinlandes, die Einbeziehung unbebauter Vorstädte und Hügel, der Anschluß an die Verkehrsadern des Landes. Kein Gesichtspunkt fortschrittlichen Städtebaus wurde außer acht gelassen. In monatelanger Kleinarbeit ist das Bild eines zukünftigen Pforzheim durchdacht worden und liegt nun in Plänen und Modellen vor.

Ich wohnte einer Stadtratssitzung bei, die diese Pläne diskutierte. Bei keinem dieser Industriellen und Architekten,

Beamten und Lehrer spürte man kleinliches Zagen oder Kurzsichtigkeit. Alle waren, auch wenn sie Einzelfragen heftig und temperamentvoll erörterten, von der Notwendigkeit der umfassenden Neuplanung überzeugt. Die Frische, mit der hier zugepackt wurde, war die gleiche wie draußen bei den Arbeitern auf den Trümmern.

Noch gibt es eine Reihe höherer Umstände, die den Beginn der Aufbauarbeit verzögern. Man kann keine Straßenfluchten begradigen, solange Länder und Städte über kein entsprechendes Enteignungsgesetz verfügen. Man braucht zu den kühnen Plänen der Stadt die Zustimmung aller Bürger, aber auch der Regierung. Man muß die Finanzierung sicherstellen. Allein aus den verbliebenen Ersparnissen der Vergangenheit kann nichts Neues geschaffen werden. Arbeit, Produktion und Export sind die Voraussetzungen für den schrittweisen Ausbau und Aufbau der zerstörten Stadt. Gerade hier liegt eine Chance für jeden tätigen Unternehmer: indem er unbeirrt ans Werk geht, baut er für sich und seine Stadt einen Teil des neuen Fundaments. Er hat keine Fabrikräume mehr. Gut, so arbeitet er im Keller.

Mir scheint die Stadt Pforzheim ein ermutigendes Beispiel für viele Städte in ähnlicher Lage: auf der Grundlage der völligen Zerstörung geht sie einfach an die Arbeit, obwohl diese Arbeit von entmutigender Härte ist. Sie hat begriffen, daß man das im Augenblick Notwendige tun kann, ohne die auf die Zukunft gerichtete Planung aus den Augen zu verlieren. Sie kennt die große Spanne Zeit, über die sich Wiederaufbau und Neubau zwangsläufig erstrecken werden, aber sie packt die Sisyphusarbeit an, als ginge es um heute und morgen.

Sie nimmt den Zeichenstift und den Spaten und fängt an.

Zukunft ohne Kanonen – Essen

Ich entsinne mich noch deutlich des ersten Eindrucks, den nach anstrengender Fahrt durch das Industriegebiet die Stadt Essen vor Jahren auf uns machte: eine überzeugend moderne, sehr lebendige Großstadt mit hellen Hochhäusern, engen, aber schönen Straßen, ausgezeichneten Kaufhäusern und freundlichen Cafés, umgeben von den grünen Hügeln des Ruhrtals und von der kraftvollen, lauten Welt der Ruhrindustrie, – das Beispiel einer zielstrebigen, neuen Stadt, ein greifbares Stück zwanzigstes Jahrhundert.

Auf diese Stadt sind 884 Fliegerangriffe geflogen worden. Ihr industrieller Kern, die Krupp-Werke, erlitt allein 55 schwere Bombenangriffe. Und die Zahl schwerster Sprengbomben, die auf diese Stadt niedergingen, war größer als in irgendeiner anderen Stadt Deutschlands. Hier wurden wirklich die Fundamente aufgewühlt, hier ging die Vernichtung bis in die Keller, die Bunker und die Kanalisationen.

Es gibt darum kaum eine größere Überraschung, als heute wieder nach Essen zu kommen: die Innenstadt! Der helle Hochbau des Deutschlandhauses ragt noch immer über die Stadt. Die gut gegliederte Backsteinarchitektur der Sparkasse, das repräsentative Baedeker-Haus, das Geschäftshaus von C. und A. Brenninkmeyer mit seinen Glasfronten, die Dresdner Bank, das DEFAKA-Kaufhaus, alles ist da und präsentiert sich, wenn auch nicht mehr in alter Frische und Sauberkeit, so doch erkennbar und benutzbar, über den bevölkerten Straßen der Stadt. Einige andere Hochhäuser wie die Postdirektion und das Haus der Technik sind in einzelnen Teilen von Bomben getroffen, aber auch sie werden schon wieder benutzt. Von der Ufa-Lichtburg steht noch die Fassade, aber das Theater ist verbrannt. Im Café «Ruhrland» im Baedeker-Haus drängen sich die eiligen Besucher um ein paar freie Plätze. An den Straßenbahnhaltestellen herrscht lebensgefährliche Betriebsamkeit. Essen lebt und arbeitet. Aber man frage nicht: Wie?

Die Zerstörung beginnt unmittelbar hinter dem Münster, am Bahnhof, am Deutschlandhaus, an allen Rändern der City. Von einstmals 185000 Wohnungen wurden 62000 total zerstört, 36000 schwer beschädigt, 52000 mittelschwer und 29000 leicht demoliert. Nur vier Prozent des früheren Wohnraums blieben unbeschädigt erhalten.

Das heißt: Heute stehen in Essen nicht mehr als fünf Quadratmeter Wohnraum für den einzelnen Menschen zur Verfügung, fünf enge abgemessene Quadratmeter zum Leben. Von den fast 700000 Einwohnern der Stadt waren am Ende des Krieges weniger als die Hälfte geblieben, heute sind es schon wieder 550000.

Diese halbe Million lebt und arbeitet für die Kohle. Der Krieg hatte aus Essen das Zentrum der Schwerindustrie gemacht, die Stadt der Kanonen. Trotzdem ist Kohle in Essen noch wichtiger als Stahl. Ehe die gewaltige Aufrüstung der letzten anderthalb Jahrzehnte begann, hatte Essen zweimal soviel Bergarbeiter wie Krupp-Arbeiter. Heute ist die Stadt der größte Kohlenlieferant des Kontinents. Auf Essener Stadtgebiet sind 22 Schächte in Betrieb.

Das heißt, daß das Problem «Kohle» in Essen noch vordringlicher ist als überall sonst in Deutschland. Kohle bedeutet: Wärme, Licht, Industrie. Für Essen bedeutet sie zusätzlich: Brot und Überleben. Es ist die Tragik dieser Stadt, daß nicht nur das Problem «Krupp», sondern auch das Problem «Kohle» schier unlösbar ist.

Die Sorgen der Stadt sind in verstärktem Maße die Sorgen

der Bergleute: keine Wohnungen. Die Bergarbeiter-Siedlungen sind mehr als die übrigen Wohnviertel getroffen worden. Dazu kommt der Hunger. Ein Stückchen Gartenland und ein bißchen Wiese für die Bergmannskuh, die eigene Ziege, waren früher die bescheidensten Voraussetzungen für die Existenz der Familien. Heute gibt es zwar Schwerarbeiter- und Bergarbeiter-Zulagen, aber auch das reicht nicht aus, um den angestrengt arbeitenden, durch jahrelange Entbehrungen geschwächten Männern Kraft und Lust zur Arbeit unter Tage zu geben. Täglich kippen einige bei der Arbeit um und werden hinausgetragen. Kartoffeln sind im ganzen Ruhrgebiet knapp und kaum zu beschaffen. Mehl und Nährmittel bleiben oft monatelang aus, und wenn sie dann verteilt werden, gibt es endlose Warteschlagen und erbitterten Kampf.

Dazu kommt das nächste Problem: keine Verkehrsmittel. An jeder Straßenbahnhaltestelle entwickelt sich eine Schlacht. Die Stärksten erringen einen Platz, die Schwächeren bleiben zurück und warten apathisch auf die nächste Bahn. Ich sah, wie eine junge Frau, die schon auf dem Trittbrett der Straßenbahn stand, von einem dicken Mann beiseite geschoben wurde. Da schlug sie ihm mit der Faust in den Nacken und kam rein.

Die Wagen der Straßenbahn haben keine Fensterscheiben, nicht einmal Bretter oder Pappen vor den Öffnungen. Die Fahrer stehen vielfach im eiskalten Luftzug, ungeschützt. Die Fahrgäste ertragen abgestumpft und an nichts Besseres gewöhnt die schneidende Kälte. Manchmal wehen noch hauchdünne Verdunkelungsvorhänge vor den leeren Fenstern. Die meisten sind herausgeschnitten und von sparsamen Hausfrauen zu irgend etwas Tragbarem vernäht. Es gibt keine Schuhe, keine Kleidung zu kaufen. Für die 550000 Einwohner von Essen wurden im Mai 1946: 445 Paar Männerschuhe verteilt. Und Arbeitsschuhe, die noch dringender gebraucht werden, gab es im Mai 178 Paar, im Juni 533 Paar, im August 631 Paar, im Oktober 1946 endlich 827 Paar. Genauso klein ist die Zahl der zugeteilten Anzüge und Arbeitshosen: jeweils einige hundert pro Monat für eine Bevölkerung, die mehr als anderswo ihre Kleidung im Dienste für ihre Mitmenschen verschleißt.

Und schließlich: es gibt keine Unterhaltung. Die meisten Kinos sind ausgebombt. Die Theater müssen sich mit zwei bescheidenen Vereinssälen weit draußen in den Vororten behelfen. Alle Vorführungen, Konzerte, Volksbildungskurse sind ständig überfüllt. Sie reichen bei weitem nicht aus für das Bedürfnis dieser Menschen, die seit Jahren nur geschuftet und gedarbt haben.

So beißen sich die Sorgen und Probleme der Stadt in den Schwanz: die Kohleförderung muß unter allen Umständen gesteigert werden. Aber dazu müßte es für die Bergleute besseres Essen, besseren Wohnraum, bessere Kleidung, einen Hauch von Zukunft geben. All dies aber ist nur zu bewältigen mit mehr Kohle. Und noch weiß niemand, wo man den Hebel ansetzen soll, um wirksam Abhilfe zu schaffen.

Fast ebenso schwierig erscheint die Zukunft der Kruppschen Werkanlagen. Die ursprünglich geplante Sprengung des gesamten Geländes hat man inzwischen aufgegeben. Man hat erkannt, daß das Weiterbestehen der Walzstraßen und Fundamente, der Schienenanschlüsse und Kabelstränge noch keine Bedrohung für den Weltfrieden bedeutet. Aber Krupp wird nicht wiederkommen. Ich sah, wie in einer großen Halle ein einzelner Arbeiter dabei war, mit dem Schneidbrenner das Riesenrohr des «Sewastopol»-Geschützes zu demontieren, mit dem Hitler die Halbinsel Krim erobern und die Festung Sewastopol stürmen wollte. Ich sah auch, wie Krupparbeiter in einem behelfsmäßig gegen die Witterung abgedichteten Keller dabei waren, Holzpferdchen zu bemalen, die als Weihnachtsartikel versandt werden sollen. Man hat Versuche begonnen, auf dem verwüsteten Gelände der Kruppwerke Leichtindustrien anzusiedeln. Es werden schon wieder Bohrgeräte für den Kohlebergbau gefertigt. Und auch die Lokomotiv-Reparaturwerkstätten sind seit Kriegsende wieder in Betrieb. In den zu dreiviertel zerstörten Werkanlagen arbeiten bereits wieder 17000 Arbeiter, – im Kriege waren es bis zu 76000. Man weiß, welch unersetzliches Kapital die bei Krupp ausgebildeten Facharbeiter darstellen, und so gehen die gemeinsamen Bemühungen deutscher Industrieführer und der Besatzungsmacht dahin, diese erfahrenen Werkmeister und Spezialarbeiter wieder für eine neue, leichtere Industrie einzusetzen. Man denkt an Fabriken für Holz- und Metallwaren, Elektrogegenstände und chemische Produkte, Haushaltswaren und Keramik. Aber es gibt auch Überlegungen, die den Aufbau einer neuen Schwerindustrie planen, die nicht Kanonen, sondern Werkzeuge für den Frieden bauen soll.

Es wird entscheidend für das Schicksal der Stadt Essen sein, ob sie die Welt davon zu überzeugen vermag, daß Stahl nicht zwingend Kanonen bedeutet. Eine hochwertige Stahlindustrie im Dienste friedlicher Entwicklung der Menschheit, aufgebaut auf den Fundamenten der Krupp-Werke, beliefert mit der heimischen Kohle und verwirklicht mit den altgelernten Facharbeitern – das könnte das Rezept für die Zukunft Essens sein.

Westfälischer Lobgesang – Soest, Münster, Paderborn

Ich kam aus den zerbombten Städten
aus den Trümmerhaufen der Mietskasernen
aus dem Chaos zerschlagner Fabriken
aus den zerfetzten Bahnhofshallen
in denen sich
zertretnen Schlangen gleich
noch immer die Schienen bäumen.
Ich hatte die Brücken im Strom gesehn
schmerzgekrümmt und in Todesangst
ineinander verschlungen.
Und auf dem Grunde der Bombenkrater
hatte ich die Kadaver der Städte
schwärenbedeckt, alt, häßlich
und namenlos arm
zitternd sich spiegeln gesehen.

Da richtest du, Soest, deine großen Türme
unversehrt in den Himmel auf.
Mit Wall und Graben hältst du dein stilles Leben
wie mit behutsamen Händen umfangen.
Du tauchst dich in Grün und Blütenschnee.
Du verhältst den Atem. Aber du lächelst.
So still war es einst auch daheim.
So blinkten die Scheiben einst auch
am elterlich-lieben Haus. Ein Baum
wie dieser stand auch uns im Hof.
Und groß und alt sah auch bei uns

der Turm herein.
Daß du diese Stille noch hast,
aber diese Größe auch.
Das ist wie ein Orgelklang, der brausend
die Kirche erfüllt. Gewaltiger ist kein Turm
als dieser: der große von St. Patrokli.
In seinem Schatten wird das Leben klein.
Neben seinem mächtigen Leib
werden die anderen Kirchen leicht:
Maria zur Wiese, Petri und Pauli
und der liebe alte schiefe Turm,
der sich in den Gassen am Wall verkriecht.
Ach, du alte heimliche Stadt
wie empfängst du mich mütterlich still
in deinen Straßen.
Kaum mehr ist ein Widerhall
von Bombengeschwadern in deinen Mauern.
Die schmalen Wunden, die dir geschlagen,
schließen sich schon. Durch deinen Himmel
summen Bienen und Hummeln nur
und tragen den warmen Gesang des Sommers
weit von den Feldern herein.
Und in der Mittags- und Abendstunde
rufen sich deine Kirchen, eine der andern
ihre ehernen hallenden Grüße zu.

Du aber, Münster, schweigst.
Deine Türme stehen wie Riesen einsam
unter dem Himmel. Dir klingt keine Glocke.
Über dem weiten Feld deines Todes
ragen die Dome wie Felsen so groß.
Keine Gemäuer, kein Geschachtel von Dächern
blickt mehr zu ihnen auf.
Die namenlose Größe deiner Kirchen

ruht nun verloren in sich selbst.
Der Sturm, der dich vernichtete,
zerbrach auch sie. Doch ihre Quadern
waren nicht für die Vernichtung bestimmt.
Sie barsten. Aber sie stürzten nicht.
Oh, diese mächtige Größe. Diese gewaltige Höhe.
Diese Einsamkeit. Dieses Übermaß
wie für die Ewigkeit.
Athen hat dieses Licht.
Rom hat diese Gewalt.
Aber du, Münster, allein
hast diese Leidenschaft.
Dich schändete nicht der Tod.
Deine Trümmer weinen nicht.
Du hältst die ungeheuren Gewölbe,
die mächtigen Chöre, die Belfriede
deiner Türme noch immer
dem Himmel wie steinerne Stützen hin.

Du endlich, Paderborn, gabst mir Trost.
Welche Größe auch in deinen Ruinen.
Dieser Dom, den nichts umwirft.
Die Kirche vom Abdinghofe, wie still
ruht sie nun in ihrem Tod.
Wie zu alten Zeiten
steig ich durch diese Mauern.
Unkraut wächst auf den Steinen.
Die Bäume, furchtbar gefällt, treiben noch Grün.
Die Tore, die eisernen, sprangen auf.
Altäre stürzten. Die Türme
wurden geköpft. Fassaden brachen zusammen.
Apsis und Chöre klaffen
wie von Riesenhand aufgerissen
und lassen den Himmel, den Regen, den Sturm

und die Sonne herein.
Aber
oben am Dom, der in tausend Jahren
immer neu geborsten, verbrannt und gebaut
lebte, krank ward und doch wieder lebte,
immer lebte bis heut,
oben am Turm hört ich die Steinmetzen hämmern,
und um den wunden Bau
steigt schon das Gerüst.
Drunten
unter der Stadt
quillt in zweihundert Quellen
noch immer die Pader ans Licht.
Kein Schutt hat sie verschüttet.
Kein Winter ließ sie gefrieren.
Sie strömt und quillt und steigt
wie immer aus uralten Tiefen
und ist da und fließt und beglückt.
Abseits
im Schatten des Doms
fand ich uralt einen Baum
vielhundert Jahre alt,
längst schon gestorben,
geflickt mit Beton,
gestützt von menschlicher Hand,
von Bomben zerfetzt. Kein Baum mehr,
kaum mehr ein Stumpf.
Aber er grünte.
Der alte Gewaltige grünte.
Längst schon verfallen,
lange schon aufgegeben,
ein Stück Trümmer.
Aber er grünte.
Wenn von unserer Not

von unserer Zeit
niemand mehr wissen
und sprechen wird,
wenn das Orgeln der großen Geschwader
längst vergessen sein wird,
wenn diesen Rausch, diesen Tod,
diesen Untergang
niemand mit Namen mehr weiß,
wirst du, uralte Stadt,
mit deinen Kirchen und Domen
noch immer
unwandelbar stehn.

Schatten der Vergangenheit – Dresden

Wenn sich der Wagen, aus den weiten Kurven der Autobahn kommend, über den letzten Bergrücken hinweg in die Tiefe der Elbniederung stürzt, liegt die Stadt wie ein Traumbild in goldenem Glanz. An den Ufern des gleißenden Stromes, der sich in majestätischer Schönheit darbietet, leuchten die Türme Dresdens, und geblendet vom Licht erkennt das Auge eben noch die drei schmalen Bänder der Brücken, die Ufer mit Ufer verbinden.

Aber weiter sollte man nicht fahren. Hier oben sollte man stehenbleiben, sich an der hellen Vision satt sehen und dann glücklich umkehren. Denn unten wohnt die Zerstörung in ihrer schrecklichsten Form. Das Traumbild zerrinnt. Die Straßenzeilen sinken, indem du sie greifbar erkennen möchtest, in Schutt und Asche zusammen. Die Türme stehen ausgebrannt und verlassen. Die freigelegten Schneisen der Straßen führen durch tote Quartiere. Die Menschen, denen man begegnet, treiben wie verlassene Boote einsam und hoffnungslos durch die Stadt. Dies ist nicht Dresden, – dies ist Sodom und Gomorrha, – eine vernichtete Kapitale, in der im furchtbaren Feuerregen der Bomben viele zehntausend Menschen, Einwohner der Stadt und Heere von Flüchtlingen, umkamen, erschlagen und verbrannt.

Ich wandere durch das ausgezehrte Gerippe dieser Stadt wie durch die Ruinen von Pompeji. Vom Torso der Hofkirche kommend finde ich das zerfetzte, geschändete Wunder des Zwingers, wo von Bombensplittern verwundete Putten und Nymphen noch in der Verwesung ihre heitere Anmut bewahren. Von der Höhe geborstener Säulen blicken mich Faunsgesichter wie lüsterne Fratzen an, und in der Tiefe wuchernden Grases liegen zwischen Blumen und Brennesseln die abgerissenen Arme eines Tritons. Von der barocken Schönheit des Zwingers blieben nur leere Fassaden, vom herrlichen Kronentor ist die Kuppel herabgestürzt, und die Glocken des Meißener Glockenspiels hängen trostlos und ohne Klang an ihren Haken. Noch ist der Grundriß und manche Einzelheit dieses einst so zauberhaften Hofes mit seinen Pavillons und Arkaden erkennbar, aber das Licht, das ihn erfüllte, das heitere höfische Leben, das sich einst in seinen blendenden Scheiben spiegelte, sind dahin.

Soll ich weiterwandern und auch die zerstörten Bilder der anderen vertrauten Stätten suchen? Ach, es gibt ja gar keinen anderen Weg. Denn rings umher, bis in die Neustadt hinüber, und auf dieser Uferseite der Elbe bis weit hinter den Bahnhof ist alles verfallen.

Hier, an dieser leichten Krümmung des Saumpfades, der einmal eine eindrucksvolle Straße war, muß das Palais der Gräfin Cosel gestanden haben. Es ist nicht mehr viel davon übriggeblieben. Die schöne Gräfin hätte Mühe, sich aus den Trümmern eine armselige Behelfsunterkunft richten zu lassen. Wie hätte sie wohl diese schreckliche Verwandlung ihres steinernen Schmuckkästchens hingenommen? Das alles ist lange her. Und die damalige Zeit hatte andere Sorgen für ihre Lieblinge bereit: die schöne Gräfin starb im Verlies eines dunklen Turmes und hatte keine Gelegenheit mehr, ihr so festlich entworfenes Palais zu genießen.

Stand hier die feierlich-strenge Frauenkirche, dieses Wunder barocker Baukunst mit der einzigartigen Kuppel? Es ist möglich, daß man eines Tages ihren Grundriß freilegen und ein paar Bruchstücke ihres grauen Gemäuers zusammensuchen wird. Es ist möglich.

Gehörten diese Berge von Schutt zu den vornehmen

Wohnhäusern des Dresdener Adels, zu jenen hohen, klassizistischen Bauten, in deren Treppenhäusern und geräumigen Zimmern sich noch bis in unsere Zeit ein Hauch von kühler Distanz und stolzem Standesbewußtsein erhalten hatte? Niemand von denen, die hier gebückt vorübergehen, vermag es zu sagen.

Aber diese Asphaltbahn war die Prager Straße. Unter diesen Ruinen liegen all die noblen Geschäfte begraben, in denen es so kostbare Lederwaren, so edles Konfekt, so leuchtende Bilder, so gediegene Möbel, so feines Porzellan zu kaufen gab. Welche eine Schaustellung der Eleganz und verschwenderischen Reichtums war einst dieser Weg durch das Zentrum der Stadt. Nicht umsonst wurden Dresden und Düsseldorf als die gepflegtesten Metropolen Deutschlands genannt. Wie anmutig wußten sich die Dresdnerinnen zu tragen. Wie schwer haben sie es heute, mit ihren durchgelaufenen Schuhen, den hundertmal gestopften Strümpfen, dem abgeschabten Jackenkleid, in der grausigen Szenerie einer solchen Stadt!

Man sollte nicht länger nach den vertrauten Bildern der Vergangenheit suchen. Ja, auch das Schloß, das Rathaus, auch die Hofkirche, die Kreuzkirche, auch das Japanische Palais und das Opernhaus, – sie alle sind dahin, ihre Türme gekappt, ihre Mauern eingefallen, die Reste ihrer Dächer zersiebt, ihre Portale leer, ihre hohen Fenster ausgebrannt zu blinden Augen. Noch die Villen rings um die zerfetzten Bäume des Großen Gartens wurden zu armseligen Ruinen, und erst, wenn man in die Vorstädte kommt, verliert sich allmählich das Übermaß der Vernichtung, werden die ausgelöschten Straßenblocks weniger. Und das Antlitz Dresdens nimmt langsam die Züge einer normalen deutschen Stadt nach dem Ende der Zerstörung an, – stehen gebliebene und zerstörte oder ausgebrannte Häuser in regellosem Wechsel, das gewohnte Bild, das man überall trifft.

Mußte diese herrliche Stadt zerstört werden? Wer trägt die Schuld an diesem Übermaß der Vernichtung, dem vieltausendfachen Mord an wehrlosen Menschen, diesem Grauen, diesem Wahnsinn? Dresden wurde sinnlos geopfert, als längst erwiesen war, daß große Städte gegen den Bombenkrieg nicht verteidigt werden konnten. Der zweite Weltkrieg war längst an allen Fronten verloren. Jeder in Deutschland wußte schon um den Widersinn weiteren Kampfes. Die Bevölkerung aus dem deutschen Osten war bereits auf der Flucht, ihre von Angst und Verzweiflung gejagten Fluten erfüllten die Straßen von Dresden bis zum Übermaß. Dann kam der furchtbare Angriff. Die Stadt starb im Februar 1945, getreu der Devise des Dritten Reichs: «Sollte man uns zwingen abzutreten, so werden wir die Tür auf eine Art hinter uns ins Schloß werfen, daß der Erdball davon erzittern wird!» Man sollte diese Worte nie vergessen.

Gegen die Allgegenwart des Todes erkämpft sich nun das Leben sein Recht. Die Dresdener sind mit ungewöhnlicher Aktivität ans Werk gegangen. Und die führenden politischen Schichten lassen es sich nicht nehmen, Aufräumungsarbeiten und Wiederaufbau zu einer weithin sichtbaren Aktion zu machen. In der ungewöhnlichen Form eines Wettlaufs zwischen zwei besonders schwer getroffenen Städten, Dresden und Berlin-Friedrichshain, gehen die Dresdener Behörden und mit ihnen die Einwohner der Stadt an die Arbeit und erreichen von Monat zu Monat sichtbarere Erfolge. Bis auf die wenigen Gassen, deren Schuttgebirge man einfach zugemauert hat, sind alle Hauptstraßen sauber aufgeräumt und führen nun als glatte Fahrbahnen durch die Hügellandschaft der Trümmer. Die Bombentrichter sind zugeschüttet, die Kanalisation ist geflickt, es gibt wieder Gas, Strom und Wasser in allen Wohnvierteln. Alle Straßenbahnlinien fahren wieder, und obwohl viele Wagen ausgefallen sind und der Andrang gewaltig ist, muß man sagen: der Verkehr klappt. Zahlreiche Schulen und Krankenhäuser haben ihren Betrieb wieder aufgenommen, und der riesige Wohnungsbedarf wird, zumindest im Rahmen des Möglichen, notdürftig befriedigt. Natürlich fehlen, um zu sichtbaren Ergebnissen zu kommen, auch hier Baumaterial und Maschinen. Aber die Bürger haben ihren guten Willen in einer überzeichneten Wiederaufbau-Spende und in einer Fülle konstruktiver Vorschläge und Pläne bewiesen.

Es gab eine große Ausstellung, die das bisher Geschaffene mit Skizzen und Entwürfen zur Diskussion stellte. Jedermann weiß, daß sich die kühnen Träume des Barock nicht noch einmal verwirklichen lassen. Aber das Halbzerstörte soll nach Möglichkeit erhalten und ergänzt werden. Die sächsischen Kunsthistoriker sind eifrig bemüht, wenigstens eine Ahnung von der Pracht des alten Dresden auf spätere Generationen kommen zu lassen. Die Restauration der Wohn- und Geschäftsstadt wird weit schwieriger und langwieriger sein. Nur mühsam kehrt das Leben von außen nach innen zurück. Umgekehrt wie zur Zeit ihrer Entstehung wächst die Stadt jetzt von den Rändern zum Kern. Der Kern ist ausgehöhlt und zerschlagen. Wird die noch grünende Schale ihn regenerieren können?

Das kulturelle Leben Dresdens, das auch in früheren Jahren besonders vielgestaltig war, zeigt sich nun, im Stadium wirtschaftlicher Armut, von befeuernder Initiative. Die Dresdner Philharmoniker haben ihre stolze Tradition wieder aufgenommen und geben draußen im Kurhaus Bühlau stark besuchte Konzerte. Die Staatskapelle ist wieder da, das Konservatorium, verschiedene Theater in Vorstadtsälen und Schulen, dazu häufige Ausstellungen, sie alle bemühen sich, den Ruf der alten Kunststadt Dresden neu zu festigen.

Dresden lebt, – nicht nur ein Scheindasein im farbigen

Plakatgarten der Propaganda und nicht nur ein Traumleben in Musik und Theater, Tanz und bildender Kunst, sondern auch ein hartes, tapferes Alltagsleben im Ringen um Brot und Wohnung, um ein bißchen Wärme, um die Existenz jedes einzelnen heute und um die Arbeitsmöglichkeiten von morgen. Ob der morgige Tag grau oder sonnenhell sein wird, wissen die Dresdener nicht. Es gibt für sie kein anderes Gebot als zuzupacken.

Kurzlehrgang in deutscher Geschichte – Nürnberg

Das, was Nürnberg vor allen anderen deutschen Städten auszeichnete, war sein geschlossenes mittelalterliches Stadtbild. Wenn man den Plan der Freien Reichsstadt Nürnberg zur Hand nimmt, den Merian im Jahre 1648 fertigte, und mit dem der inneren Stadt vergleicht, der einem Reisehandbuch von 1938 beigefügt war, so ergeben sich kaum wesentliche Unterschiede. Das einzigartige Beispiel einer rings ummauerten Stadtanlage erhielt sich unversehrt, auch als Nürnberg zur modernen Industriestadt heranwuchs. Und nur die Gründerzeit mit ihrer hemmungslosen Bauwut riß einige Lücken in das historische, gewachsene Gefüge des Ganzen.

Seit der Zeit der deutschen Romantik galt Nürnberg, ebenso wie Rothenburg ob der Tauber, als Muster einer typischen alten deutschen Stadt. Diese Kostbarkeit unter den europäischen Städtebildern ist nun vernichtet.

Der Krieg hat auch in den Außenbezirken von Nürnberg verheerend gewütet, aber entscheidend ist doch der Verlust der Innenstadt, eben jenes Kernes, der seit einem halben Jahrtausend im festen Mauerring der Stadtbefestigung umschlossen lag.

Würde man heute mit einem Flugzeug über die alte Reichsstadt fliegen, so könnte man wohl wie einst die Rundung der Mauern und der Gräben erkennen, auch noch den mächtigen Burgberg am nördlichen Rande der Stadt. Aber im Niedersteigen würden sich die erkennbaren Einzelheiten mehr und mehr verlieren. Das Auge fände im Grundriß der kleinen und großen Straßen nur noch Berge von zerschlagenen Steinen, ein Gewirr von ausgebrannten Ruinen und zertrümmertem Bauwerk, wo einst die alten Handwerkerstraßen mit ihren Giebeln und Erkern standen, und da und dort das Skelett einer zerschlagenen Kirche. Ich ging mit einem Archivar der Stadt auf die Suche nach dem, was erhalten blieb. Der alte Mann, der seine Lebensarbeit der Erforschung dieses einzigartigen Stadtorganismus und seiner Geschichte gewidmet hatte, referierte mit trockener, kaum beteiligter Stimme über die grausamen Bilder, denen wir begegneten. Es schien, als läge das, was hier verloren war, jenseits der Ausdrucksmöglichkeit seiner Worte und Gefühle. Er verbarg den übergroßen Schmerz hinter einer betonten Sachlichkeit, die mich mehr berührte, als zur Schau getragene Trauer es vermocht hätte.

Er zählte einfach auf: Bauten, Daten, Schicksale und Geschichte. Und indem er hinter jeden Wert den Schlußstrich endgültigen Verlustes setzte, gab er, so schien es mir, eine Bilanz, die für Nürnberg wie für Deutschland grausame Gültigkeit hatte.

«Dieses Tor» sagte er, als wir vom Bahnhof her in die innere Stadt eintraten, «bewachte eine der vier großen Zufahrtsstraßen, die aus allen Himmelsrichtungen in das Rechteck der Stadt mündeten. Die mächtigen runden Türme, die jedes dieser Tore flankierten, sind nur im Oberbau demoliert. Aber von den über hundert kleinen Wehrtürmchen, die die Mauer wie scharfe Zähne besetzten, sind die meisten zerstört.»

«Diese gotische Ruine war die Klarakirche. Sie gehörte zu einer ausgedehnten Klosteranlage, die sich von hier bis zur Stadtmauer zog. Das Kloster bestand seit 1240. Noch im 18. Jahrhundert war es durch eine eigene Mauer von der Straße getrennt. Im Jahre 1902 wurden die letzten Reste des Klosters niedergelegt, weil man Geschäftshäuser bauen wollte. Jetzt ist auch die Kirche zerstört.»

«Dies war die Mauthalle. Hans Behaim der Ältere hat sie um 1500 für die Stadt errichtet, weil man neue Korn- und Salzspeicher brauchte, um die Versorgung der Bevölkerung in Notzeiten zu sichern. Er baute sie über den Stadtgraben der alten Befestigung und gewann so großräumige Keller, die fortan Weinkeller des Rates wurden. Zwanzig Meter breit und achtzig Meter lang zogen sich die Gewölbe unter der Erde hin. Später wurde der gewaltige Bau Städtische Waage und Zollhaus. Davon erhielt er seinen Namen. Er war eines der größten Häuser der Stadt. Jetzt ist er zerstört.»

«Dies ist die Lorenzkirche. In den Trümmern steht noch das berühmte Sakramenthaus von Adam Kraft. Es wurde nicht zerstört, weil es eingemauert war. Ich kenne keine höhere Verklärung des Geistes der deutschen Gotik als diese Dichtung in Stein. Zwanzig Meter hoch erhebt sich dies kühne Gebilde, das zugleich ein Meisterwerk der Plastik und der Architektur ist. Früher fiel das Sonnenlicht durch die feierlich hohen Glasfenster des Chors auf diesen Schrein. Der Chor liegt jetzt in Trümmern.»

«In diesen Gassen, die zur Pegnitz hinabsteigen, wohnten Peter Vischer, der Erzgießer, Veit Stoß, der Bildhauer, Martin Behaim, der Seefahrer, der den ersten Globus fertigte, Willibald Pirkheimer, Adam Kraft und Michael Wohlgemut. Ihre Wohnhäuser und alle Gassen dieses Viertels sind jetzt zerstört.»

«Dort drüben, jenseits der Insel Schütt, stand die große Synagoge. Sie wurde mitten im Frieden von der SA niedergebrannt.»

«In diesem Stadtteil wohnte Hans Sachs. Hier waren die alten Handwerkerstraßen. Hier gab es viele schöne Höfe und kostbare Erker, die bei den Nürnbergern ‹Chörlein› genannt wurden. Das ganze Viertel ist zerstört. Es existiert nicht mehr.»

«Dies ist die Frauenkirche. Sie wurde auf Veranlassung

Kaiser Karls IV. an Stelle der alten Judenschule erbaut. Das Judenviertel am Markt wurde damals abgerissen, die Juden wurden vertrieben. Die Frauenkirche war eine Kostbarkeit der Gotik. Sie ist bis auf die Giebelseite mit dem Portal zerstört.»

«Hier im alten Rathausbau tagte der Rat der Stadt. Seit Kaiser Friedrich II. war die Stadt reichsunmittelbar. Der Rat entwickelte sich zu einer der mächtigsten Körperschaften im alten deutschen Reich. Er verfügte über ein Territorium, das größer war als das irgendeiner anderen deutschen Stadt. Er besaß unbeschränkte Vollmachten über die Bürgerschaft, über die Handwerke, den Handel und den Verkehr. Oben im gewölbten Rathaussaal tagte jeweils der erste Reichstag eines neuen deutschen Kaisers. Das Rathaus liegt jetzt in Trümmern.» Wir gingen vorüber am mächtig ragenden Chorbau der Lorenzkirche, der jetzt eine Ruine ist. Wir sahen die Stelle, wo angelehnt an die alte Moritzkapelle das «Bratwurstglöckl» stand, eines der originellsten und liebenswertesten Lokale Alt-Nürnbergs. Wir gingen über den Dürerplatz hinauf zum Tiergärtner-Tor, wo Albrecht Dürers Wohnhaus sich eben aus dem Baugerüst wieder herausschälte. Überall wiederholte der Archivar seine bittere Litanei: «Zerstört. Vernichtet. Zerstört.»

Über den Ruinen der Straße «Am Ölberg», in deren Schluchten und Löchern die primitiven Ofenrohre armseliger Behausungen ragen, von Menschen, die sich in den Kellern unter den Ruinen eine Bleibe eingerichtet haben, erhebt sich die Burg. Mauern und Gebäude sind zerschlagen wie von Zyklopenhand; manchmal sind große Stücke aus der massiven Befestigung des Mittelalters einfach herausgebrochen. Indem wir unterhalb dieser großartig-gespenstischen Szenerie entlanggingen und dann zum Vorplatz unterhalb des Burgwächters stiegen, begann der Archivar noch einmal seinen düsteren Bericht:

«Hier bestanden Jahrhunderte hindurch zwei Burgen nebeneinander: die Kaiserburg und die Burg des Burggrafen. Auf der Kaiserburg saßen die Hohenstaufen. Die Burggrafschaft war seit 1191 im Besitz der Hohenzollern. Beide standen in beinahe ununterbrochenem Kampf gegen die Bürgerschaft. Die Stadt lebte und wuchs im Widerstand gegen die Burgen. Im Jahre 1411 setzte dann der Kaiser den Burggrafen Friedrich VI. zum erblichen Statthalter in Brandenburg ein. Es gab keine einfachere Art, ihn von Nürnberg zu entfernen. Dieser Mann, der später Kurfürst Friedrich I. hieß, hatte alle Hände voll zu tun, die Anarchie in der sandigen Mark Brandenburg zu beseitigen. Er wurde der Stammvater der brandenburgischen Kurfürsten und der preußischen Könige. – Preußen und diese Burg sind nun zerstört.»

Ich sah hinunter auf die zerpflügten Straßen der Stadt. Ich wußte, der Archivar würde fortfahren: Das Toblerhaus ist zerstört. Die schönen Häuserfronten am Paniersplatz sind zerstört. Das kostbare Pellerhaus, in dem das Stadtarchiv untergebracht war, ist zerstört. – Aber ich wehrte mich gegen diese schonungslose Aufzählung vernichteter Dinge, gegen diese Summierung des Zerstörten, Verlorenen, ohne einen Einwand des Lebendigen.

«Ich gebe zu», sagte ich, «das Alte ist ein Trümmerfeld geworden. Aber betrachten Sie doch die Geschichte Ihrer eigenen Stadt. Wie oft schon wurde der innere Kern der Stadt mit seinen Mauern niedergelegt, um dem nächsten äußeren Ring Platz zu machen? Wie oft wurde das Alte zerstört, aus dem das Neue wuchs? Dürfen Sie den Bestand dieser Stadt allein nach dem messen, was von Hans Sachs, von Dürer oder Veit Stoß noch sichtbar ist? War Nürnberg nichts als eine museale Sammlung mittelalterlicher Überlieferung? Geben Sie Ihre Stadt auf, nur weil ihr schönes, romantisches Gesicht zerstört wurde?»

Der Archivar wies hinunter auf die Wüste von Trümmern

und Steinen, in der da und dort die Bagger und Lorenbahnen an der Arbeit waren. «Diese Stadt erhebt sich nicht wieder», sagte er.

«Das Mittelalter erhebt sich nicht wieder. Die Kaiserzeit nicht. Das Leben der Meistersinger nicht. Aber die Stadt: ja. Ich glaube nicht an den Bestand von Ruinen in einem Lande, das lebt.»

«Lebt dieses Land? Zehrt es nicht nur vom Bestand, krank auf den Tod, ein Siecher, der seine letzten Vorräte auffrißt, ehe er stirbt?»

«Glauben Sie, daß Deutschland nach dem Dreißigjährigen Krieg gesünder war? Deutschland stirbt nicht, solange es in Europas Mitte liegt. Auch Nürnberg stirbt nicht, solange es im Schnittpunkt der Verkehrswege liegt. Es gibt kein totes Herz in einem lebendigen Körper.»

«Sie meinen», fragte der Archivar, «Deutschland sei das Herz Europas?»

«Ja.»

«Sie meinen, Europa lebt?»

«Ja.»

«Also, meinen Sie, wird Deutschland leben?»

«Ja.»

Wir gingen durch die Trümmer der Altstadt zurück, durch den Mauerring, durch den das Leben flutete.

Antlitz zwischen Morgen und Abend – Erfurt

Als wir aus dem Schatten der Nacht auftauchen in die grauen Schleier des Morgens, liegen die steilen Kegel der Drei Gleichen mit ihren verwunschenen Burgen wie Wächter neben der Autobahn. Im Dämmer entziffern wir mühsam die russische Aufschrift auf dem blauen Wegschild nach Norden. Dann gleitet der schwere Lastzug durch feuchten Wald in die Senke hinab, in der die türmereiche Stadt liegt: «Erfordia turrita», Erfurt. Die drei russischen Soldaten, die wir von der Grenze her mitgenommen haben, steigen am Standortlazarett aus, um ihre Zahnschmerzen loszuwerden. Unsere Motoren donnern noch durch vier, fünf Straßen, dann sind auch sie am Ziel, um die kostbare Ware, die sie aus Süddeutschland im Interzonenverkehr hierher gebracht haben, abzuladen. Ich bin wieder in den Straßen, in denen ich zur Schule gegangen bin, und ich sehe beglückt, daß nichts fehlt.

Freilich: man hat mir berichtet von Scherbenhaufen in der ganzen Stadt, von zerschlagenen historischen Bauten, von der vernichteten alten Universität, von der zerstörten Barfüßerkirche. Aber, wenn man viele ausgelöschte Städte gesehen hat, lernt man, nach größeren Maßstäben zu messen. Was hier ruiniert wurde, sind kleine Kanten und Ecken im großen Gesamtbauwerk der Stadt, wohl ein paar liebenswerte Einzelheiten, aber doch nicht das Ganze, – das Gesicht bleibt erkennbar, ich finde jede Straße und jeden Giebel wieder. Langsam steigt die Sonne an den zahllosen Türmen herauf und hebt das Antlitz der Stadt ans Licht.

Wer von Westdeutschland her in die russische Zone kommt, stellt sich das Bild des Alltags irgendwie fremdartiger, östlicher vor als im Westen. Er vergißt, daß er zwar eine andere Besatzungszone betritt, aber doch wie zuvor mitten in Deutschland bleibt. So findet die ängstliche Neugier höchstens ein wenig Nahrung an den roten Transparenten an der Stirnseite der Regierungsgebäude, an den Spruchbändern in kyrillischer Schrift und an den riesigen, kindlich bunt wirkenden Porträts von Lenin, Stalin und Molotow, die vielfach an den Häusern angebracht sind. Auf der Straße selbst fallen die russischen Militärs nicht stärker auf als die Franzosen in Freiburg, die Engländer in Düsseldorf oder die Amerikaner in Stuttgart.

Die Mannschaften bleiben ohnehin in ihren Kasernen, und die Offiziere unterscheiden sich nur durch den Schnitt ihrer Uniformen, die breiten Mützen und die bunten Ordensschnallen von anderen Nationen.

Vor den Nahrungsmittelgeschäften stehen wie überall in Deutschland Schlangen von Menschen, die ihre geringe Zuteilung an Fleisch oder ihr achtel Liter Milch oder ein wenig mageren Käse ergattern wollen. Da und dort gibt es Dinge, die in anderen Teilen Deutschlands noch Seltenheitswert haben: Glaswaren aus dem Thüringer Wald, Holzgerät und viel Spielzeug für Kinder, lauter Erzeugnisse des Thüringer Landes, die ihren Weg noch nicht wieder über die Zonengrenzen finden konnten.

Die alte Handels- und Kongreßstadt Erfurt zieht auch heute wieder dank ihrer zentralen Lage große Veranstaltungen aller Art auf sich. Gerade, als ich ankomme, entfaltet die Liberal-Demokratische Partei mit Fahnen und Plakaten das Gepränge eines Parteitages, und die Bilder und Anschläge der SED, die sonst das Straßenbild beherrschen, treten für eine Woche zurück vor den schwarz-rot-goldenen Farben der LDP.

Die Menschen, denen ich begegne, sind Kaufleute, Spießbürger und kleine Leute wie ehedem, und nur die Schlagzeilen in den Zeitungen und die Programmzettel der Theater und Ausstellungen lassen erkennen, daß sich seit vorgestern und vorvorgestern manches verändert hat.

Im historischen Barockpalais des Museums, an dessen Front noch der Heilige Martin reitet, der den Mantel teilt, veranstalten Erfurter Künstler eine juryfreie Ausstellung «Vergehen und Werden». Es kommt viel Jugend, um die Bilder zu sehen und die Verse zu lesen, die in großer Vielfalt gezeigt werden. Man mag über die Qualität der Ausstellungs-Objekte streiten, aber wunderbar ist der Schwung, mit dem sich die jungen Menschen vor diesen Bildern dafür oder dagegen einsetzen. Ein Buch zu freier Kritik liegt aus, und ich sehe Gruppen junger Männer und Mädchen, die mit feurigen Köpfen beraten, was sie hineinschreiben wollen. Eine Kollektiv-Äußerung für die ganze Gruppe wird mit Entschiedenheit abgelehnt, jeder besteht auf seiner persönlichen Meinungsäußerung. Man spürt die fanatische Auseinandersetzung mit den Begriffen von Freiheit, Verantwortung und eigenem Denken, die hier seit dem Kriegsende im Gang ist.

Einige Stunden später: im hohen Atelier eines Bildhauers hat sich ein Kreis von Freunden eingefunden, um den Geburtstag eines der ihren zu feiern. Die Plastiken sind zur Seite geräumt, Stühle aus allen Haushalten der Nachbarschaft sind hereingerückt, in der Tiefe des Raumes ist mit etwas Leinwand, dunklem Blättergezweig aus dem Walde und einem hölzernen Podest die kahle Abstraktion einer Stilbühne gezaubert. Eine zarte Kammermusik erklingt aus dem Nebenraum. Dann eine jener seltenen Stunden, in denen Geist und Phantasie und menschliche Stimmen Raum und Zeit auf magische Weise vergessen lassen: eine Schar junger Schauspiel-Schülerinnen spielt Hugo von Hoffmansthals «Tod des Tizian». Da ist kein Vorhang, keine Dekoration, kein Kostüm. Da ist kaum die Andeutung einer roten Kappe, die die jungen Mädchen zu Pagen verwandelt. Gläsern klar erklingen die Stimmen, ihre Gesten zaubern Florenz, Italien, Paläste und Säle. Ihr Spiel ist eine Huldigung an die Schönheit. Um uns ist nur mehr der Geist des Abendlandes, das Tizian, Raffael, Michelangelo, Dürer, Rubens, Rembrandt, van Dyck, Goya und Velasquez hervorgebracht hat.

Der Zauber verweht nicht in der goldenen Helligkeit des Spätnachmittags. In dieser Stadt haben die Humanisten gedacht, hat Luther sich um Klarheit gemüht, hat Napoleon die Fürsten Europas um sich versammelt. Hier ist Europa, tausendfältig spürbares, hörbares, sichtbares Europa.

Am frühen Abend dann: eine Dichterlesung des Kulturbundes. Ein Kreis von vielleicht vierzig Menschen in einem gepflegten Raum, an niedrigen Tischen, in kleinen Sesseln, gespannt hingegeben an Verse und Gedanken eines jungen Lyrikers. Da schwingt Krieg und Leid durch die Gedichte, eine namenlose Sehnsucht nach innerer Freiheit, ein flammender Protest gegen die Vergewaltigung des Geistes, die eben überwunden wurde. Aber danach, als der Dichter schweigt, erst die Diskussion! Hier ist wirklich eine Jugend aufgewacht. Da ist kein Duckmäusertum und keine Feigheit mehr. Hier fordern sie für sich und für alle Klarheit. Hart und eigensinnig stehen die Meinungen gegeneinander. Was sie verlangen, ist Bekenntnis. Was sie verneinen, ist Lauheit. Sie haben die Vergangenheit wirklich wie tausend Jahre Leid empfunden, – nun wollen sie eine gestaltete, freie Gegenwart und eine Zukunft, die ganz die ihre ist.

Und später dann, schon in der Dunkelheit: die Uraufführung der Werke eines jungen Erfurter Komponisten. Ein festlicher Saal, festlich gefüllt. Menschen in der kargen Feierlichkeit ihrer besten Kleider, auch wenn diese Kleider nur saubere Alltagsanzüge sind. Gut geschnittene Köpfe, viele Furchen der Zeit in den Gesichtern, aber auch bezaubernde Frauen und Mädchen, die in der zarten Anmut ihrer Gestalten wie Lichter leuchten. Eine Zwanzigjährige mit amputiertem Arm: sie trägt ihren Makel wie eine Königin und erscheint schöner als alle anderen. Als das kleine Orchester die Instrumente stimmt, erfüllt das Schweigen den Saal wie elektrische Spannung. Dann werden alle getragen von der Musik. In diesen Melodien begegnet sich die Tradition eines Johann Sebastian Bach mit der Dynamik unserer Zeit, – wunderbar sind sie über Höhen und Tiefen gespannt, losgelöst von aller billigen Sentimentalität und doch erfüllt vom Mitgefühl für diese leidvolle Generation. Mit zwingenden Rhythmen reißt uns ein Klavierkonzert fort, und dann wieder schmiegen sich die wunderbar-tiefen Lieder einer Altstimme in unsere Herzen. Welche Kühnheit der Komposition, welche Demut der künstlerischen Arbeit, welch eine Musik!

Als der Beifall langsam verebbt, finden wir uns auf der dunklen Straße wieder. Der Sternenhimmel steigt hoch über die Dächer der Stadt, und der große Mond hebt sich langsam, um Türme und Kirchen in sein bleiches Licht zu tauchen. Der Abend ist zu schön, um schon heim zu gehen. Und so pilgern wir noch für eine Stunde zu den vertrauten steinernen Freunden: wie ein Schiff durchschneidet der Chor der halb zerstörten Barfüßerkirche die Dunkelheit der Nacht. Ihr herrlicher gotischer Bau erscheint in seiner nackten Gestalt nur noch schöner als früher, die hohen Fensterbögen recken sich steil in den Nachthimmel, und unsere Blicke wandern durch die edle Ruine wie durch einen Tempel der Vergangenheit, der noch in seinen Trümmern verehrungswürdig ist. Die Gassen hinter Markt und Rathaus schlafen schon. Der steinerne Roland hält Wacht. Der schlanke Turm von Allerheiligen wirft seinen Schatten über die «Engelsburg», in der die Humanisten ihre Streitschriften entwarfen, und den Komturhof, dessen geschmiedetes Torgitter noch immer die Einfahrt ziert. Hoch über den breiten Stufen der Freitreppe, die zum Dom und zur St. Severi-Kirche emporsteigt, leuchtet aus der Küsterwohnung noch ein Licht. So schreiten wir langsam zur großen Bühne dieses Kirchenberges hinauf, der seinesgleichen nirgends in Europa hat. Die mächtigen Gewölbe, die dem Domberg vorgebaut sind, um den Chor zu tragen, werfen dunkle Schatten. Die freischwebende Kanzel, von der Luther dem Volk zu seinen Füßen gepredigt haben soll, ragt wie ein Symbol der geistigen Revolution aus der Balustrade. Kostbar hebt sich aus dem Schatten der beiden Kirchen die Triangel des doppelten Domportals, über dem die klugen und die törichten Jungfrauen thronen. Zu unseren Füßen liegt die Stadt. Schemenhaft sind die spitzen Türme der Kirchen und die einzeln stehenden Glockentürme der Bettelmönchsorden im Mondlicht zu erkennen. Die Sommernacht legt sich mild und warm über das Geschachtel der schlafenden Häuser und Dächer.

Es ist, als hörte man die Stadt atmen. Wir spüren den Anhauch der Geister, die diesem steinernen Gebilde Leben und Anmut verliehen. Hier war vor Zeiten die Mitte Deutschlands, das grüne Herz. Nun, da wir sinnend hier oben stehen, kommt uns die neue Forderung dieser Zeit zum Bewußtsein: Mittlerin zu sein zwischen Osten und Westen. Erfurt, vertrautes Antlitz, in die Mulde seiner dunklen Hänge zwischen Morgen und Abend gebettet.

Schwermütiger Frühling – Baden-Baden

Versetzen Sie sich, verehrte Freundin, für eine kleine Stunde in dieses südliche Tal und genießen Sie mit mir den Zauber dieser Stadt. Die Glyzinien hängen in dichten Trauben über die Mauern, die Kastanien blühen, der Flieder steht in dicken weißen und violetten Dolden, und überall ist die Luft erfüllt vom betäubenden Duft unzähliger Blüten, die die Stadt, die Gärten, die Kuranlagen und noch die Plätze vor den Hotels zum Schauplatz eines Traumes zu machen scheinen. Sie werden, wenn Sie mit mir durch die Straßen und Alleen gehen, die schmeichlerische Eleganz des einstigen Weltbades kaum vermissen. Sehen Sie die vielen schönen Autos, die die Lange Straße hinauf und hinunter fahren. Sehen Sie die eleganten Französinnen, die mit braun gebrannten Gliedern und modischen Kleidern durch die Straßen promenieren. Sehen Sie die vielen schmucken Uniformen, die hübschen Kinder vor dem Kurhaus, die duftigen Hutmodelle in den Schaufenstern, ja überhaupt die Fülle des Ausgestellten und Gebotenen: da prangen große Fenster voller Sektkörbe und Likörflaschen, da locken Parfumpackungen aus aller Welt, da lächeln Sie in Konditoreien und Lederwarengeschäften, in Delikatessenhandlungen und Schmuckboutiquen alle Herrlichkeiten aus vergangenen Tagen an. Nichts ist zerstört, hinter blanken Scheiben liegt die heitere Fülle des Friedens ausgebreitet.

Ach bitte, gehen Sie nicht hinein, um zu kaufen. Nehmen Sie sich nicht die freundliche Illusion. Der Sektkorb ist eine üppige Atrappe, und die stolzen Reihen der Bouteillen sind hohles Glas. Bitte, sehen Sie nicht so genau hin. Ich weiß, Sie können dieses aparte Hütchen nicht kaufen. Ja freilich, auch die süßen rosa Kartons mit der goldenen Aufschrift «Baden-Badener Trüffel-Spezialitäten» sind leer. Aber sieht es nicht hübsch aus?

Nein, liebe Freundin, suchen Sie nicht hinter der heiteren Fassade das hohle Gesicht der Not. Übersehen Sie die groben Makel, die das freundliche Bild stören wollen: die Aufschrift «Butter, Eier, Käse vorbestellen» über dem Sektfenster, – das Schildchen «Holzsohlen nur Größe 41–45» über den Medicus-Schuh-Plakaten, – die häßlichen, papiergestanzten Ausweistaschen unter der Reklame für die schönen Goldpfeil-Lederwaren. Betrachten Sie nicht die drei mit Samt ausgelegten Schaufenster des vornehmen Uhrengeschäftes, ich weiß ja selbst, sie sind leer.

Gehen wir ein wenig in die Anlagen, vielleicht zum Kurhaus. Freuen Sie sich über die vielen schmucken Autos. Hier gibt es nur wenige von den feldgrauen Jeeps oder den störenden lauten Lastkraftwagen. Hier begegnen Sie allen guten alten Bekannten: Mercedes-Benz, Horch, BMW, Ford und all die anderen. Wie gut machen sich die schneidigen Uniformen der Offiziere darin, die hochgestellten Frisuren der Damen. Natürlich sind es Franzosen, die sie fahren. Denn Baden-Baden ist französisches Hauptquartier.

Dort drüben ist das berühmte Café Rumpelmayer. Entsinnen Sie sich noch, wie wir damals in der gemütlichen Nische saßen? Nein, bitte gehen Sie nicht hinein; es ist jetzt eine «Popote» für Unteroffiziere darin. Ja, im «Krokodil» auch. Überall, in allen Restaurants. Aber ich weiß ein kleines Café, wo wir auch als Deutsche ein Weilchen sitzen können. Nachher, bitte.

Dort drüben ist das Kurhaus. Sehen Sie die vielen Kinder auf dem Rasen, die glücklichen Muttis auf den Stühlen.

Da ruft eine ihren drolligen Blondschopf: «Pierre!» Sind Sie traurig, liebe Freundin? Wußten Sie nicht, daß hier auch viele französische Kinder sind?

In den Kursaal können wir nicht hinein. Morgen vielleicht, wenn eine Vorstellung für Deutsche ist. Die Spielsäle kann ich Ihnen nicht zeigen. Im «Grünen Spielsaal» stehen hoch getürmt Aktenschränke und Regale, hinter denen die Bäder- und Kurverwaltung ihre Büros hat. Und im «Roten Spielsaal» proben die Baden-Badener Philharmoniker mit 80 Mann für eine Rundfunk-Übertragung.

Aber schauen wir doch einmal auf das Konzertprogramm, vielleicht finden wir etwas für heute abend: Gilles Guilbert spielt Ravels «Konzert für die linke Hand». Die Meisterschüler des Pariser Konservatoriums spielen Beethoven, Mozart, Debussy, Ravel, Roussel und Stravinsky. Paul Colline conferiert seine Revue «Epique-Epoque». Ja natürlich, französisch. «L'Orchestre National» spielt mit Monique Haas aus Paris. Bitte, wählen Sie aus.

Oder ein Film? Sie können sehr gute französische Filme sehen. Sie brauchen hier in Baden-Baden nicht auf antiquierte deutsche Filme zurückzugreifen: «La fille du Diable», «Vater Goriot», «Lumière d'Eté», «Félicie Nanteuil», «Au petit bonheur» mit Danielle Darrieux, «Der Weg zur Hölle», alle mit deutschen Untertiteln. Aber Sie sprechen ja geläufig Französisch, liebe Freundin, da haben Sie es leicht und fragen sich schnell durch in Baden-Baden.

Gehen wir ein Stück durch die Lichtenthaler Allee, die «Allee der Könige». Hier wurde um die Jahrhundertwende europäische Politik gemacht. Hier sind vor uns Kaiser Wilhelm der Erste, Napoleon der Dritte, Eduard der Siebente als Prinz von Wales. Dostojewskij und Turgenjew spazierengegangen, und in jenen Villen, in denen jetzt die französischen Dienststellen sind, in den Hotels, wo jetzt die Besatzungsbehörden arbeiten, haben russische Großfürsten und englische, deutsche, rumänische, russische, französische Diplomaten und Lebemänner gewohnt.

Dort drüben ist das Verkehrsbüro. Fröhliche Plakate fordern die französischen Arbeiter und Arbeiterinnen zu Erholungsreisen in den schönen Schwarzwald auf. Nebenan, in den Messageries de la Presse française, liegen alle Zeitschriften und Journale Frankreichs aus.

Sehen Sie die beiden schmucken Französinnen in Uniform? Das ist weibliche Polizei. Sie achtet auf Ordnung und gutes Auftreten, auch bei den französischen Frauen, die jetzt mit ihren Kindern und Angehörigen ihren Männern nachgereist sind. Jeder französische Soldat darf seine Familie nachkommen lassen. Sie wohnen hier in Privatquartieren. Ungefähr 30000 Franzosen sind jetzt hier. Früher hatte Baden-Baden 40000 Einwohner. Fast denkt man an die großen Jahre des Fremdenbesuchs. Baden-Baden soll auch wieder Kurstadt werden: französische Kriegsversehrte und Offiziere sollen sich hier erholen können. So wird auch das Kur- und Badeleben wieder eine gewisse Rolle spielen.

Aber nun kommen Sie in das versprochene kleine Café. Hier finden Sie nur Deutsche. Auch die zwei kleinen Demoiselles dort drüben sind Deutsche. Sie tragen sich jetzt nur nach französischer Art, mit den hohen Frisuren, den kirschroten Lippen, den schmucken Blusen und kurzen Röcken. Sie haben viel gelernt und sprechen meist geläufig französisch, zumal ja ihre Freunde nicht alle so leicht Deutsch lernen.

Was möchten Sie bestellen? Es gibt Kaffee oder auch Limonade mit Himbeer- oder Eukalyptus-Geschmack, ein bißchen synthetisch natürlich, aber ganz erfrischend. Das Gebäck kann ich Ihnen empfehlen. Sie bekommen es auch auf Ihre US-Reisemarken, sogar auf Roggenbrot-Abschnitte.

Erkennen Sie den Herrn und die Dame drüben am Tisch?

Erinnern Sie sich, wie wir damals in ihrer Villa zu Gast waren? Sie wohnen jetzt in einem Dachkämmerchen bei Bekannten. Die Villen sind ja alle beschlagnahmt. Baden-Baden ist halt Hauptquartier. Es gibt nur mehr wenige Deutsche, die ihre Wohnung noch haben. Sie fühlen sich alle ein bißchen ausgebombt, nachträglich und ohne Bomben natürlich. Aber arm sind sie nun auch.

Sie wollen schon gehen, liebe Freundin? Sind Sie ein bißchen traurig geworden? Warum? Es ist doch so heiter in Baden-Baden, so südlich schön. Lassen Sie uns noch ein paar Schritte die Merkurstraße hinaufgehen. Ich wohne oben im St. Vinzens-Haus, und von der Terrasse sieht man weit hinüber auf die Hügel der Stadt. Ja, leider kam ich sonst nirgends unter. Es gibt für deutsche Reisende nur den kleinen «Bayrischen Hof» am Bahnhof. Dort war alles belegt. Die Schwestern im Vinzens-Haus tun ihr Möglichstes. Ich bekam noch ein Bett mit sechs Herren auf einem Zimmer. Achtzig andere schlafen diese Nacht im Kindergarten des Heims auf Stühlen.

Aber bitte, sehen Sie nun hinunter auf die Stadt. Ist sie nicht schön? Ein dunkelgeflügelter Admiral und ein Zitronenfalter taumeln noch über den Blumen des Steingartens. Ein paar Maikäfer brummen mit schwerem Flug durch die Kastanien. Da, das war ein Kuckuck, drüben aus dem Wald. Jetzt hört man jedes Auto, das noch vereinzelt durch die Stadt fährt. Eben spielen sie mit scharfen Rhythmen und hellen Clairons einen schnellen Militärmarsch, irgendwo unten vor einem Hotel.

Ich wollte Ihnen einen festlich-heiteren Nachmittag bereiten, liebe Freundin. Ist es mir nicht ganz gelungen? Ich habe mir doch so große Mühe gegeben. Und ich hätte mich über ein kleines Lächeln um Ihre Lippen gefreut.

Wiedersehen in Etappen – München

Es ist immer gefährlich, nach dem ersten Eindruck zu urteilen. Als ich in das geliebte München wiederkam, in dem ich die Erinnerung an die Universität, den Fasching, das Passage-Café und die Berge zurückgelassen hatte, gähnte mich die zerstörte Stadt mit der öden Stille eines Feiertages an. Keinerlei Leben war in den Straßen. Die Hitze brütete auf den Ruinen. Kaum ein einzelner Jeep belebte die Ludwigstraße. Die Löwen, die vom Siegestor gefallen waren, lagen steif und sinnlos neben den Quadern, die man provisorisch aus dem Wege geräumt hatte. Die Siegesgöttin stand kopflos auf den Straßenbahngleisen. In den ausgebrannten Straßen von Schwabing schien niemand mehr zu wohnen. Die vertrauten alten Stätten, die Studenten-Cafés, das kleine Kino in der Amalienstraße, der Antiquar, – sie alle waren verschwunden. Und vor dem Haus, in dem wir jahrelang gewohnt hatten, schlief eine Lorenbahn auf den lockeren Gleisen, unnütz, untätig, ein häßliches Denkmal der völlig veränderten Zeit.

Mißmutig und traurig suchte ich die bekannten Größen unter den Bauwerken Münchens auf. Die Frauenkirche: ein zerschlagenes Riesendach, das Kirchenschiff schwer mitgenommen und die zwei mächtigen Türme, die lieben alten Münchner Maßkrüge, nun mit Holzhauben gedeckt. («München wird von zwei Holzköpfen regiert» spotten die Alteingesessenen.) – Das alte Rathaus am Marienplatz: eine vom Brand geschwärzte Ruine. (Das neue, natürlich, blieb fast unbeschädigt. Fast immer trifft die Vernichtung die alten Kostbarkeiten.) – Die Theatinerkirche: mit Bretterwänden vernagelt. Nur eine kleine, stille Seitenkapelle ist zugänglich, in der ein paar alte Frauen zur Andacht knien. – Die Staatsbibliothek, dieser festlich-große Bau: aufgerissen über dem Portal, zerfleischt von einer sinnlosen Explosion, die ausgerechnet das Mittelstück des Bauwerks herausbrach. – Die Universität: eine hohle Ruine, nur von der Rückseite zugänglich, die Fenster zersplittert und leer, die alten Seminarräume nur noch dunkle Fassaden. – Die Asamkirche: verbaut mit einem mächtigen Gerüst, das den dunklen Innenraum dieser feierlichen Barockschöpfung nicht erkennen läßt. – Die Residenz: ein überwältigender Komplex von Trümmern und leeren Mauern. Noch stehen die Bronze-Löwen gegenüber der Feldherrnhalle, aber die liebe «Patrona Bavariae» fehlt. Und die pompöse Front zum Residenzplatz vermag nur noch von fern an den Palazzo Pitti in Florenz zu erinnern, dem sie so sehr geglichen hat.

Der Hofgarten liegt verlassen und menschenleer. Die Arkaden sind verfallen, einige von den alten Wandbildern lassen sich mit Mühe noch enträtseln. Und auf dem Rasen lagern ein paar Gruppen heimatloser Menschen, die sonst kein Dach über dem Kopf haben, und essen ihr karges Mittagsbrot aus dem Kochgeschirr. – Das Ehrenmal vor dem Armeemuseum ist zerschlagen und zerfallen. Die Tafeln mit den Namen der vieltausend Münchner, die im ersten Weltkrieg gefallen sind, wurden vernichtet und sind verschwunden. Die Gruft unter dem großen Steinblock ist leer. An dem Platz, wo der steinerne Soldat gelegen hat, gähnt ein dunkles Loch. Irgendwer hat an die Stelle, wo er seine Hände gefaltet hielt, ein vertrocknetes Sträußchen Blumen gelegt. Auf den Stufen, die hinunter führen, liegt menschlicher Unrat.

Während ich bedrückt zurück zum Bahnhof ging, verfolgten mich von den Plakatsäulen herab die lauten Parolen blau-weißer Fanatiker: «Für ein selbständiges Bayern!»

«Hinaus mit den Fremden!» In zahlreichen Veranstaltungen der «Bayerischen Heimat- und Königspartei» (sie wurde bald darauf verboten) verkündeten die Redner die neu aufgewärmte Monroe-Doktrin «Bayern den Bayern!» Es schien, als wolle man den Flüchtlingen und Ausgebombten, den Zugezogenen und Fremden, ja selbst den Freunden, die einst hier gelebt hatten, aber nicht den Vorzug hatten, hier geboren zu sein, jedes Daseinsrecht nehmen. Mit bitterem Herzen fuhr ich ab, fest entschlossen, nicht wiederzukehren. Aber man sollte sich nie auf den ersten Eindruck verlassen.

Als ich München in der Verwandlung des zweiten Wiedersehens antraf, zeigte es sich als quicklebendige, strudelnde Stadt. Schon auf dem Bahnhof begegnete mir jene bunte Mischung von Fremden und Eingeborenen, von G'scherten, Originalen, Reingeschmeckten und Ausländern, die seit jeher charakteristisch für Isar-Athen war. In den Straßenbahnen herrschte lebensgefährliches Gedränge mit vehementen Ausbrüchen des bajuwarischen Temperaments, mit kompakten Drohungen, geballten Flüchen und versöhnendem herzlichen Gelächter. Die Straßen waren belebt mit amerikanischen und deutschen Wagen, mit Radlern, Fuhrwerken und Fußgängern. Der Verkehr wurde lässiger als je zuvor geregelt von einer ganz unbayrisch wirkenden, leicht amerikanisierten Polizei. Military-Police-Streifen fuhren in raschem Tempo durch die Straßen. An den Haltestellen, in den Geschäften und an den blank gescheuerten Tischen der Bräus traf ich die lieben alten raunzigen Schnauzbärte wieder, die aus München nicht wegzudenken sind. Und dann die Münchnerinnen: ihre Kleiderschränke sind sicher auch verbrannt und ihre evakuierten Sachen geplündert. Aber wie verstehen sie doch, das wenige, das sie gerettet haben, zu tragen. Ich weiß sonst keine Stadt außer Salzburg und Linz, in der sich die Frauen und Mädchen so liebenswürdig-herb zu kleiden wissen. Sie verfügen über eine Mischung aus kräftigem Stoff, derben Schuhen und einem süßen Hütchen über dem braun gebrannten Gesicht, die das Weibliche und das Gebirglerische gleichermaßen zur Geltung bringt. Sie sehen alle aus, als ob sie gut Ski fahren könnten (und sicher können sie es auch) und sie haben zugleich etwas Anschmiegsames und Weiches, das schon an den Charme der Wienerinnen erinnert. Wenn sie die Lippen ein bißchen schminken, dann sitzt das Rot gleich doppelt kräftig im sonnen-verwöhnten Gesicht. Und es scheint, als ob ihre Augen alle um eine Nuance dunkler wären als sonstwo in Deutschland.

Bei einem zweiten Rundgang zeigt sich die Asamkirche fast unzerstört, – wie ehedem aus der dunklen Schale ihres Innenraumes leuchtend mit dem Goldglanz ihrer Figuren und den kostbaren Farben ihrer Bilder. Im Hofgarten-Café herrscht schon wieder lebhafter Betrieb mit schmucken Kellnerinnen und einem angeregt plaudernden Publikum, das in seinen Gesichtern Alt-München und Neu-Schwabing spiegelt. In den offenen Fenstern der Universität sitzen Studenten und junge Mädchen, die auf den Beginn eines Sinfoniekonzerts warten. Und unten um die steinerne Brunnenschale haben sich alte und junge Kunstbegeisterte in einer losen Gruppe versammelt, – ein Bild, das mich mit der Gelöstheit seiner Figuren und der heiteren, inneren Spannung seiner Gesichter an die Darstellungen italienischer Renaissance-Gemälde denken läßt.

Im Haus der Kunst, dessen Räume zum Teil dem deutschen Publikum zugänglich sind, werden erlesene Werke aus deutschen Museen gezeigt, alte deutsche und niederländische Meister. Der Reichtum europäischer Kunst bietet sich hier in solcher Fülle dar, daß man geblendet vor diesen Bildern steht, seit Jahren solcher Genüsse entwöhnt und nun beinahe unfähig, alles auf einmal zu fassen. Fast unmerklich sucht sich das Auge einen Halt am Gegenständlichen. So rücken uns Werke, die wir vielleicht vordem nie beachtet haben, plötzlich nahe, weil sie Offenbarungen menschlicher Not und menschlichen Leides sind. Das nachdenkliche Selbstbildnis Albrecht Dürers blickt uns mit grüblerischen Augen an und rührt uns mehr als das liebliche Antlitz einer Madonna, wie sie van Dyck oder Schongauer gemalt haben. Die grausame Phantasie eines Hieronymus Bosch scheint gespeist aus den gleichen ungeheuerlichen Erlebnissen, wie sie uns der Krieg, Bomben und Hunger bescherten. Unvergeßlich ist die Darstellung der Sintflut von Hans Baldung Grien, in der die verlassene, hilflose Menschheit verzweifelt an den fest verschlossenen Riegeln der Arche rüttelt, ausgestoßen von jeder Rettung. Unerhört aktuell wirkt auch die Verspottung Christi, wie sie Matthias Grünewald malte, mit jenen zeitlosen Typen der Kriegsknechte, die immer, bis auf den heutigen Tag, den stillen Helden des Glaubens und des Geistes ins Gesicht schlagen, – ewige KZ-Aufseher, zu Augustus' Zeiten dieselben wie zu Zeiten der Inquisition, in jedem Bürgerkrieg, bei jedem Aufstand der Minderwertigen zur Stelle, an keine Nation, an kein Jahrhundert gebunden, auf Ewigkeit grausam bereit, den Schwächeren zu verhöhnen und zu foltern.

Da sind auch Bilder wie die Geburt Christi von Hans Baldung Grien, mit der Szenerie verfallener Backsteinmauern, die mit ihrer Atmosphäre von Hunger und Frierenmüssen unmittelbar an unsere Gegenwart gemahnt. Da ist die Darstellung «Christus am Ölberg» von Wolf Huber, in der der von allen Gefährten verlassene Einsame in seiner namenlosen Verzweiflung betet: «Mein Gott, mein Gott, warum hast du mich verlassen?» Und die Jünger liegen schlafend, schnarchend, die Hände über dem Bauch gefaltet und sind versunken im Schlaf der Gerechten, den sie sich durch keine Not und Verlassenheit eines anderen stören lassen.

Welche Aktualität gewinnen diese Bilder, nachdem wir

die Jahre der Tyrannis überwunden haben! Wie verwandeln sich da die Begriffe von «schön» und «erhaben», – wie sehr sucht unser Auge nach der Darstellung und Deutung des Erlebten, wie stark rühren uns jetzt Qual und Angst der mittelalterlichen Menschen an, die wir vielleicht vor einem Dutzend Jahren noch gar nicht zu verstehen vermochten.

Und abermals erlebte ich München in neuer Verwandlung: Schweben und Springen einer Tänzerin im Nymphenburger Park. Vergnügtes Eisschlecken und Melonentorten-Essen im Café Hag hinter der Residenz. Ein festlicher Nachmittag in den Kammerspielen mit brillant gespieltem Theater, mit guter moderner Kunst in den Wandelgängen und mit appetitlichen Salaten (markenfrei) am Buffet. Ein Abend im «Simpl», der sein traditionelles Kabaret aus der zerstörten Türkenstraße in die Räume des «Platzl» gerettet hat und sie dort sorgsam wie ein geknicktes Pflänzchen wieder aufzurichten versucht. Eine Nacht in der «DT – Bar» des Deutschen Theaters, wo Deutsche und Amerikaner nach den Rhythmen einer turbulenten Band im Dämmer gedämpfter Lichter tanzen und wo man einen Sherry Cobler zu sündhaften Preisen trinken kann. Und endlich ein ausgelassenes Finale in Schwabing.

Es gibt doch noch Menschen in diesen Ruinen. Im Hinterhof eines halb zerstörten Hauses sind die Fenster bis in die Morgenstunden erleuchtet, und nach den Klängen von Klavier und Harmonika wird ein improvisiertes Fest gefeiert, so vergnügt, so harmlos, so laut wie in der guten alten Schwabinger Zeit. Selbst der Polizist, der am grauen Morgen wegen der nächtlichen Ruhestörung vorbeikommt, hat ein schmunzelndes Lächeln für die großen Kinder und legt den Bleistift, der das Protokoll niederschreiben sollte, verständnisinnig beiseite und raucht die letzte Zigarette mit uns, eine «Typ 4» zu 16 Pfennig, aus original-deutschen Tabaken mit Orient-Beimischung gemacht.

Wahrhaftig, München hat noch immer alle Farben seiner alten Existenz, wenn auch der Sturm der braunen Bewegung und die Zerstörungen des Krieges über die Stadt hinweg gegangen sind. Es gibt noch immer jenes reizvolle (und manchmal nicht leicht begreifliche) Nebeneinander von Herzlichkeit und Ablehnung alles Fremden, von Weltbürgertum und tiefster Spießigkeit, von südlicher Sonne und kalter Bergluft. Not und Armut hausen hier wie in anderen Städten auch, aber ein Lächeln, ein Scherz, ein Schalk sitzen in jedem Winkel und machen dieses traurige Leben, wenigstens manchmal, ein bißchen erträglicher.

Man sollte doch öfter wiederkommen und sein Urteil von Mal zu Mal zu revidieren versuchen.

Im Spiegel der Gespräche – Leipzig

Im Messe-Sonderzug

Ein Kaufmann aus Frankfurt am Main: «Glauben Sie, daß das eine Messe wird?»

Ein Kaufmann aus Solingen: «Eine Mustermesse, zumindest.»

Der Frankfurter: «Was helfen mir die Muster, wenn ich nicht kaufen kann. Eine Messe soll Umsätze vermitteln.»

Der Solinger: «Eine Messe soll Verbindungen schaffen. Ich finde es großartig, daß die Leipziger überhaupt schon wieder eine Messe organisieren.»

Eine junge Dame: «Verzeihung, glauben Sie, daß wir kontrolliert werden?»

Der Frankfurter: «Na hören Sie mal, im Messesonderzug. Haben Sie denn keine Messekarte?»

Die junge Dame: «Ich, ja doch, natürlich. Nur, ich dachte...»

Der Solinger: «Sie fahren wohl gar nicht zur Messe?»

Die junge Dame: «Natürlich hab ich eine Messekarte. Nur wissen Sie, offen gesagt, meine Mutter wohnt nämlich in Guben, direkt an der polnischen Grenze. Und ich wollte ihr so gerne eine Kleinigkeit mitbringen. Sie klagt ja nicht, aber ich glaube, daß sie nicht gut auskommt. Sie ist jetzt 64, und mit der Karte sechs, – meinen Sie bestimmt nicht, daß wir kontrolliert werden?»

Ein Beamter der Stadt Leipzig: «Bitte, halten Sie Ihre Papiere bereit, meine Herrschaften. Kontrolle kommt durch den Zug.»

Die junge Dame: «O Gott, wo tu ich das Päckchen nur hin? Wenn sie es mir wegnehmen, – dann ist die ganze Fahrt umsonst.»

Der Frankfurter: «Wozu machen Sie auch solche Geschichten, – wenn Sie in Wirklichkeit gar nicht auf die Messe wollen?»

Der Solinger: «Das können Sie doch der jungen Dame nicht verdenken. Anders kommt sie doch nicht rüber.»

Ein russischer Offizier: «Darf ich um die Pässe bitten?»

Die junge Dame: «O Gott!»

Der russische Offizier: «Danke. Das genügt. In Ordnung. Entschuldigen Sie die Störung.»

Der Beamte der Stadt Leipzig: «Das übrige bekommen Sie von mir. Darf ich um Ihre Namen bitten. Danke. Hier Ihre Meldepapiere. So haben Sie in Leipzig keinen Aufenthalt. Hier die Lebensmittelkarten.»

Der Frankfurter: «Donnerwetter. Schwerarbeiterzulage!»

Die junge Dame (für sich im Stillen): «Da kann ich ja für Mutter noch was einkaufen.»

Der Beamte der Stadt Leipzig: «Dieser Abschnitt berechtigt zum Bezug von einer Flasche Schnaps und dieser gilt für vierundzwanzig Zigaretten. Sie dürfen den Schnaps mit über die Grenze nehmen (lächelt) –, wenn Sie ihn so lange verwahren können.»

Der Solinger: «Na, ich muß schon sagen, die lassen sich nicht lumpen.»

Der Frankfurter: «Menschenskind, da trinken wir aber einen.»

Die junge Dame: «Ich bin ja so froh. Ich kann es Ihnen gar nicht sagen. Und Sie glauben bestimmt, daß nichts nachkommt?»

Der Solinger: «Keine Spur. Sie werden sehen, es klappt alles besser als Sie denken.»

Der Frankfurter: «Ich wollte, das könnte man von der Messe auch behaupten.»

Der Solinger: «Vielleicht können Sie das wirklich.»

In einem Messepalast

Ein Arbeiter: «Wo soll ich die Fliedertöpfe hinsetzen? Hier, an das Plakat?»

Ein Aussteller: «Doch nicht vor das Plakat, Mann. Hier, rechts, immer am Stand entlang, bis vor zum Eingang.»

Der Arbeiter: «Aber dahinter ist doch gar nichts.»

Der Aussteller: «Darum ja eben!»

Der Arbeiter: «Das soll ein Mensch verstehen.»

Ein Messe-Onkel: «Taugen die Ölpressen was?»

Ein Aussteller: «Das Gegebene für jeden Kleinbauern. Für Mohn, Raps, Bucheckern –, alles, was die Leute pressen wollen. Sie stellen hier nur ein...»

Der Messe-Onkel: «Wieviel können Sie mir bis zum Herbst liefern?»

Der Aussteller: «Wenn Sie uns Material stellen...»

Der Messe-Onkel: «Das habe ich mir gedacht. Wo soll ich denn das Material hernehmen?» (Zum nächsten Stand). «Haben Sie das ausprobiert?»

Ein anderer Aussteller: «Dieser Turmkocher erspart 45 Prozent der Heizkraft. Man setzt jeden beliebigen Topf auf diesen Spezialdeckel, und der Dampf heizt den zweiten und dritten Topf mit.»

Der Messe-Onkel: «Bis wann können Sie liefern?»

Der Aussteller: «Wenn Sie kleine Mengen bestellen,

könnten wir eventuell bis zum Frühjahr, vorausgesetzt, daß Sie den Transport selbst übernehmen...»

Der Messe-Onkel: «Ich muß die Ware in die französische Zone haben!»

Der Aussteller: «Oh, dann allerdings...»

Der Messe-Onkel (im Weitergehen): «Allerhand da, aber allerhand Schwierigkeiten.» (Zum nächsten Stand.) «Das machen Sie alles aus Tarnstoffen?»

Der dritte Aussteller: «Ja, wasserdicht, reißfest, absolut unzerstörbar. Diese Einkaufstasche für die Dame, hier eine Reise-Necessaire für den Herrn, oder dieser praktische Beutel für die Gartenarbeit...»

Der Messe-Onkel: «Wieviel kann ich haben?»

Der Aussteller: «Bitte, soviel Sie wünschen. Wir haben ausreichend Rohstoffe verfügbar.»

Der Messe-Onkel: «Endlich ein vernünftiger Mensch. Bitte, notieren Sie... Und ehe ich's vergesse: in die französische Zone!»

Der Aussteller: «Ich glaube, es geht. Wir haben einen Kompensationsvertrag mit einer süddeutschen Firma. Ich werde mich erkundigen.»

Der Messe-Onkel (im Weitergehen): «Das ist wenigstens ein Anfang.»

Modenschau im Schauspielhaus

Ein Herr in mittleren Jahren: «Das netteste an Leipzig sind wirklich die Polizistinnen. Schmucke Mädels, muß ich sagen!»

Ein Herr neben ihm: «Da warten Sie erst mal, bis Sie die Mannequins sehen.»

Der Herr in mittleren Jahren (für sich selbst): «Dazu bin ich ja hier.»

Der Ansager: «Wir zeigen Ihnen als erstes elegante Morgenkleider nach Modellen Berliner und Münchner Häuser. Dieser bezaubernde Schnitt...»

Eine junge Dame: «Wenn ich mein altes Abendkleid austrennen und ändern würde, vielleicht reicht es gerade.»

Ein Einkäufer: «Aus dem Stück machen wir zwei Nachmittagskleider.»

Ein jüngerer Herr: «Fabelhaftes Publikum hier. Haben Sie die vielen Ausländer gesehen?»

Ein anderer Herr: «Besonders Russen mit ihren Damen. Das gibt doch gleich ein ganz anderes Bild.»

Der jüngere Herr: «Gehen die Modelle nun alle in den Export?»

Ein fremder Nachbar: «Das ist doch lediglich eine Modellschau. Wer sagt Ihnen denn, daß das schon wirklich gemacht wird?»

Die junge Dame: «Sie sieht aus wie eine Göttin! Wenn ich dieses Gedicht aus Atlas tragen dürfte...»

Ein Mannequin hinter der Bühne: «Ich werde schwach, wenn ich denke, was ich heute abend anziehen soll. Ich habe kein Paar gestopfte Strümpfe mehr.»

Im Börsenkeller

Kellner: «Noch vier Brandy, die Herren? Bitte sehr. Und hier die Zigaretten auf den Abschnitt.»

Ein Herr aus Hamburg: «Wahrhaftig, man muß von der Waterkant nach Sachsen fahren, um mal wieder einen richtigen Schnaps zu kriegen. Wirklich eine beachtliche Leistung.»

Ein Herr aus Berlin: «Diese Schnapszuteilung, meinen Sie?»

Der Hamburger: «Nein, überhaupt die ganze Messe. Wenn man überlegt, nach diesem Krieg und in dieser Stadt! Alle Hochachtung!»

Ein Herr aus Leipzig: «Sie sehen das alles aus der Messe-Perspektive. Nur aus der Messe-Perspektive.»

Der Hamburger: «Aber entschuldigen Sie, die Stadt macht doch wirklich einen ausgezeichneten Eindruck, die sauberen Straßen, der Verkehr, die Taxis für die Messebesucher...»

Der Leipziger: «Im Alltag sieht es ein bißchen anders aus. Taxis, – daß ich nicht lache. Die sind doch nur zur Messe hergekommen. Und die Straßen? Sie sehen unsere Ruinen nicht, weil sie alle mit Fahnen und Transparenten zugehängt sind.»

Der Berliner: «Aber Sie wollen doch nicht sagen, die ganze Messe wäre ein Potemkinsches Dorf?»

Der Leipziger: «Von der Messe will ich gar nicht sprechen. Es ist möglich, daß der eine und andere von Ihnen Geschäftsverbindungen wieder anknüpfen konnte, auch wenn vorerst noch kein Warenverkehr zustande kommt. Ich spreche von der Stadt. Wir haben hier Sorgen, von denen Sie wahrscheinlich gar nichts ahnen. Wir wissen nicht ein noch aus vor Sorgen. Ich bin kein Politiker, ich bin nur ein kleiner Geschäftsmann. Aber ich möchte fast sagen: es geht täglich bergab mit Leipzig.»

Der Hamburger: «Na hören Sie mal, Sie sehen aber wirklich zu schwarz.»

Leipziger: «Ich bin gar kein Pessimist, ich sehe nur nüchtern, was ist. Leipzig war früher *die* Bücherstadt. Bei unserem großen Angriff, damals im Winter, ein paar Wochen vor Weihnachten, wurden fast alle großen Verlage mit ihren Bücherbeständen ausgebombt. Von denen, die geblieben sind, ging ein Teil in den Westen: Brockhaus, Insel-Verlag und noch der eine und andere. Die, die noch in Leipzig existieren, haben sich redlich bemüht, wieder anzufangen. Reclam, Brandstetter und I. I. Weber erhielten die Lizenz und begannen zu arbeiten. Dann wurden sie abmontiert, trotz ihrer Lizenz. Sagen Sie selbst, was bleibt denn da noch übrig?»

Der Berliner: «Es gibt doch aber noch andere Industrien in Leipzig. Ich habe mir sagen lassen, daß zahlreiche Werke auf vollen Touren arbeiten.»

Der Leipziger: «Sie arbeiten und sie produzieren. Aber nicht für den deutschen Bedarf. Fast alles, was aus der Fertigung kommt, geht auf Reparationen.»

Der Hamburger: «Wenn das so ist... Aber Leipzig als Handelsstadt, das ist doch ein Faktor, der bleibt. Das sieht man doch gerade in diesen Tagen.»

Der Leipziger: «Ich habe dazu verschiedene Meinungen gehört. Natürlich sind wir froh, daß wieder Messe ist, obwohl wir Leipziger eher Last als Freude davon haben. Wir wohnen hier auch eng genug. Und die Unterbringung der Messefremden ist keine Kleinigkeit. Aber das wäre nicht das Schlimmste. Was uns ernstliche Sorgen macht, ist die Abziehung aller wirklichen Produktionskräfte. Es ist nicht nur durch den Krieg unendlich viel zerschlagen worden, – es wird noch immer, Tag um Tag, abgebaut, demontiert, fortgeführt. Es gehen nicht nur unsere Maschinen weg, sondern auch unsere Ingenieure und unsere Facharbeiter. Wir leben ins Leere hinein. Heute machen wir noch Messen. Was werden wir morgen tun, wenn wir keine Qualitätserzeugnisse mehr haben?»

Der Hamburger: «Wir müssen eben arbeiten, arbeiten und immer noch mehr arbeiten. Was uns an Industrien fehlt, müssen wir durch Arbeit wettmachen. Es bleibt uns keine andere Wahl.»

Der Leipziger: «Wir arbeiten auch, das dürfen Sie uns glauben. Wir haben durchaus den guten Willen. Aber wo etwas Brauchbares entsteht, wird es demontiert. Wo etwas klappt, geht es ins Ausland. Und wo etwas bleibt, fehlen die Rohstoffe. Ich habe manchmal das Gefühl, wir sind wirklich auf dem Wege, ein reiner Agrarstaat zu werden, – ein Volk, das nur noch seine Kartoffeln baut.»

Der Berliner: «Wie sollen wir da satt werden, achtzig Millionen Menschen auf einem Gebiet, dessen wichtigste Agrarflächen abgeschnitten sind. Das ist unmöglich. Wenn wir uns nicht durch Export etwas dazu kaufen können, müssen wir verhungern.»

Der Hamburger: «Also doch Export, meinen Sie? Also doch Leipziger Messe?»

Der Leipziger: «Natürlich Export und Leipziger Messe. Aber man muß uns Waren lassen, man muß uns Fabriken und Arbeiter lassen, man muß uns Rohstoffe und Kohle geben, man muß uns die Grenzen öffnen. Ohne diese Voraussetzungen ist die Leipziger Messe eine Fiktion, eine Erinnerung, die man wieder aufwärmt. Wir haben nur diese eine Wahl: produzieren und leben – oder langsam verhungern.»

Verwundete Stadt zwischen Gärten – Stuttgart

Ich weiß keine deutsche Großstadt, die sich so bettet in ihre Landschaft, in Hügel, Wälder und Weinberge. Die Schienen der Bahn und die kurvigen Straßen steigen aus dem Gewoge der Rebenberge nieder in die große Talsenke der Stadt. Und man vermöchte an keiner ihrer Außenseiten sicher zu sagen: hier hört der Garten Schwaben auf, hier fängt Stuttgart an. Das Land flutet von allen Seiten in die Stadt, und die Stadt verliert sich nach allen Seiten ins Land.

Diese innige Verquickung mit der natürlichen Umgebung gibt Stuttgart heute noch das Versöhnliche und jenen Hauch von Anmut, den sie den meisten anderen vom Krieg zerstörten Städten voraus hat. Blickt man von einer der Höhenstraßen, von der Neuen Weinsteige oder vom Eugensplatz, hinunter auf das fallende und steigende Häusermeer, so leuchten die Hochbauten und Türme der Innenstadt noch immer wie Wahrzeichen aus dem Gewirr der Straßen. Aber im Niedersteigen gewahrt man die Täuschung: sie sind alle, bis auf den schlanken Turmbau des Tagblatt-Hochhauses, ausgebrannt oder zerstört. Sie blenden nur mit ihren leeren Fassaden. Der Krieg hat sie genauso getroffen wie die ganze ehemals so reiche Innenstadt. Es blieb kaum etwas Wesentliches davon übrig. Der rasche und lebhafte Verkehr strömt durch zerfallene Straßen. Die Eleganz der Königstraße ist dahingesunken. Die Kolonnaden am Schloßplatz stehen leer und teilweise geborsten. Das Schloß selbst ist ein ausgebrannter Traum. Die Stiftskirche ist eine der großartigsten Kirchenruinen geworden: ein hoher Gedanke der Gotik, abstrahiert und auf die alleräußerste, knappste Formel gebracht wie vielleicht Caspar David Friedrichs «Ruine von Eldena». Der alte Markt, an dem die spitzgiebelige Behäbigkeit Alt-Schwabens wohnte, ist ganz dahin. Alles, was ringsum an lieber Erinnerung beheimatet war, ist verschüttet. Wo ist, fragt der Fremde, der einst eine heimliche Liebe für diese Stadt hegte, wo ist Stuttgart geblieben?

Auf dem vielfach verschlungenen Weg, der mich kreuz und quer durch die Straßen der Stadt führt, begegne ich nur grausamen Trümmern und ungeheuren Bergen von Schutt. Von ehemals 73 000 Häusern blieben nur 2000 unbeschädigt. Über die Hälfte Groß-Stuttgarts wurde zerstört, von der Innenstadt nahezu 100 Prozent.

Trotzdem, das ist das Sonderbare, überfällt einen nirgends der Eindruck totaler Trostlosigkeit oder das Gefühl der Verlassenheit. Im Gegenteil: diese Stadt atmet in all ihren Teilen den Geist einer unverwüstlichen Aktivität und einer natürlichen Frische, die scheinbar den Jammer der Kriegseinwirkungen schon weitgehend überwunden hat. Auf dem Bahnhof, der einmal der modernste Bahnhofsbau Deutschlands war und nur noch sozusagen im Rohbau steht, wird der Ankommende bereits überrascht von Äußerungen einer ganz aufs Heute eingestellten neuen Geschäftigkeit. Kaffee, Bier und Fleischbrühe werden von kleinen Mitropa-Wagen angeboten und an den Zügen entlang gefahren. Im Bahnhofsbau gibt es Brötchen, Brezeln, belegte Brote, Getränke, Zeitungen und Blumen. Es gibt schmucke, neu hergerichtete Aufenthaltsräume und Restaurationen, die schon wieder helle Wände, weißgedeckte Tische und ein wenig Atmosphäre bieten. Alles ist im Bau und Ausbau begriffen. Überall stolpert man über Arbeiter und Bauhandwerker. Jede Woche wächst ein Stück dazu. Man hat sofort das Gefühl: hier geschieht etwas.

Dieser Eindruck bestätigt sich allenthalben in der Stadt.

Ein auffallend reger Verkehr in allen Straßen. Kleine, schnell ausgebaute Verkaufsläden überall in den ausgebrannten Geschäftshäusern. Teilweise Notlösungen mit einfachsten Mitteln, teilweise ansprechende, moderne Ladengestaltungen mit schmucken Fassaden, blanken Schaufenstern und einer sauberen Inneneinrichtung. Vielfach sieht man winzige, einstöckige Notbauten, die aus Abfallsteinen errichtet wurden und die nun ein kleines Verkaufsgeschäft beherbergen. An zahlreichen Geschäftshäusern wird eifrig gemauert und geschippt. Gerüste steigen auf bis zum sechsten und siebenten Stock, Lastenstühle schaffen Steine und Mörtel nach oben, und schon werden die unteren Stockwerke mit geschliffenen Natursteinplatten neu verkleidet.

Freilich ist dies nur die sichtbare Außenseite der emsigen Bautätigkeit, die die Stadt entfaltet, um aus ihren arg mitgenommenen Häusern wieder Wohnungen und Geschäftsräume zu machen. Durchschnittlich werden im Monat an die 3000 Wohnräume neu beziehbar gemacht. Trotzdem ist die Wohnungsnot in der Stadt weiterhin erschreckend groß. Denn die Zahl der Einwohner Stuttgarts, die am Kriegsende nur mehr 230000 betrug, ist schon wieder auf weit über 400000 gestiegen. Und der Bedarf, den die zahlreichen zentralen Verwaltungen haben, ist weit größer als der in öffentlichen Bürobauten verfügbare Raum. So erscheint den sorgenvollen Stadtvätern der Kampf um Wohnraum wie ein Kampf mit der Hydra: je mehr sie reparieren, umso mehr dringliche Raumansprüche treten ihnen entgegen. Die Militärregierung für Stuttgart, die Militärregierung für das Land Württemberg, die Staatsregierung für Württemberg-Baden mit alle ihren Ministerien, der Länderrat der US-Zone und die städtischen Behörden brauchen Arbeits- und Sitzungsräume. Viele tausend von der UNRRA betreute Ausländer müssen mit Wohnungen versorgt werden. Und Flüchtlinge und Rückkehrer schaffen immer neue Wohnungsnot.

Es gibt an mehreren Stellen der Stadt Trümmerverwertungsanlagen, die an Ort und Stelle aus dem Bauschutt der zerstörten Häuser neue Bausteine, Massivdecken, Träger, Ziegel und Hohlsteine herstellen. Stuttgart ist stolz darauf, daß sein Oberbürgermeister seinerzeit in schnellem Zugriff die ersten fünf Spezialanlagen dieser Art kaufte und in Dienst stellte. Die Arbeiterfrage bereitet hier wie überall noch Schwierigkeiten. Aber man bemüht sich, die Produktion dieser Anlagen ständig zu erhöhen.

Durch das wechselnde Straßenbild, an Ruinenfeldern, Baustellen und Ladenfronten vorbei, fließt zu allen Stunden des Tages das unvermindert starke Leben der Stadt, die all ihre Menschen, wie es die Lage im Talkessel mit sich bringt, in die Enge der Innenstadt schickt. Die Straßenbahnen sind fast immer überfüllt. Am Schloßplatz, wo sich die zahlreichen Linien treffen und ununterbrochen folgen, herrscht vom frühen Morgen bis in die Abendstunden lebhaftes Gedränge. Aber es charakterisiert das Wesen dieser Stadt, daß noch im Kampf um einen Platz in der Straßenbahn und noch im drangvoll engen Menschenknäuel an den überfüllten Haltestellen ein freundlich-humorvoller Ton herrscht. Kein großstädtisches Hasten, keine Gereiztheit, keine Nervosität, sondern in jeder Situation noch ein Anflug von schwäbischer Gemütlichkeit, ein schmunzelndes Einander-Verstehen, ein herzliches Gefühl landsmannschaftlicher Verbundenheit, ja beinahe von jedem zu jedem eine fast verwandtschaftliche, persönliche Beziehung. Die auch hier in Stuttgart gängige schwäbische Mundart, das vielfältige Sich-einander-Kennen, die gemeinsamen Beziehungen zu den kleinen Stadt- und Landgemeinden des Schwabenlandes verbinden all diese Menschen zu einer Gemeinschaft. In diese Gemeinschaft ist der Zugewanderte und der fremde Besucher freilich nicht unbedingt eingeschlossen. Aber freundlicher und bereitwilliger als beispielsweise die Bayern nehmen die

Schwaben den Fremden in ihren Kreis auf, wenn er seinerseits ihnen mit Herz und Temperament entgegenkommt.

Diese Mischung altschwäbischen Bürgertums mit neuen Elementen, die von Nord und Ost hereinkamen, ergibt in zahlreichen Zweigen des städtischen Lebens ein lebhafteres Vorwärtsdrängen und eine Bereicherung an Initiative, die gewiß nur vorteilhaft sein kann. Nicht nur in den sechs Theatern der Stadt, nicht nur im Rundfunk und im Theater- und Musikleben, sondern auch in den zahlreichen Verlagen macht sich dieser ermunternde Einfluß schöpferischer Menschen aus anderen Provinzen Deutschlands bemerkbar.

Als Verlagszentrum scheint Stuttgart fast die Rolle der alten Bücherstadt Leipzig an sich reißen zu wollen. Es gibt heute in Stuttgart schon über 75 Verleger und über 60 Zeitschriften aller Arten und Größenordnungen. Neben altbekannten Namen wie Cotta und Franck, Engelhorn und Union, tauchen neue auf, die mit ihrer Produktion und ihren Verlagsplänen auch hier eine Belebung des Überlieferten versprechen. Unter den beinahe zahllosen Zeitschriften finden sich nicht nur eine ganze Reihe lebendig gemachter Wochen- und Monatsmagazine, sondern auch viele Fachblätter aller Sparten, die dem bunten Gemisch der Erscheinungen das sachliche und finanzielle Fundament geben.

Manches andere große Unternehmen arbeitet schon wieder auf hohen Touren: Bleyle, Kodak, Daimler-Benz und Kübler schicken ihre Erzeugnisse bereits wieder über die Grenzen der engeren Heimat hinaus und schaffen wichtige Austauschwerte, gegen die Kohle und Rohstoffe hereinkommen. Die kleineren Unternehmer, die wie überall in Schwaben meist ausgesprochene Veredlungsindustrien betreiben, beginnen im Kampf um Arbeitskräfte und Rohstoffe ihre Erträge langsam wieder zu steigern.

Über die Probleme und Planungen des einzelnen hinaus greift die Diskussion um das künftige Gesicht der Stadt als

Ganzes. Hier bahnt sich in rascher Arbeit ein klarer, neuer Weg an. Man wird den aussichtslosen Versuch unterlassen, die historische Struktur des alten Stuttgart nachzuformen, und man wird statt dessen den weiträumigen und vereinfachten Plan einer neuen Stadt über das Straßennetz der alten legen. Aber sicher ist, daß auch das Neue wiederum dem Schwung der Talzüge, dem Auf und Ab der Höhenrücken folgen muß, und daß diese Stadt, mag sie sich auch in Details verändern, ihre freundliche «grüne Note» behalten wird.

Dieses innige Ineinanderfließen von bebauten Flächen und Gärten scheint, von welcher Seite man auch die Stadt und ihre Menschen betrachtet, das bestimmende Charakteristikum Stuttgarts zu bleiben. Stuttgart und Schwaben galten schon nach dem ersten Weltkrieg als Musterbeispiel eines krisenfesten Landstrichs, in den Not und Arbeitslosigkeit keinen Zugang fanden, weil die fleißige Kleinindustrie und der überall vorhandene eigene Acker oder Garten jedermann satt werden ließen. Auch heute noch gehören zwei Dinge zum typischen Stuttgarter: ein ungemein praktischer Sinn, der ihn in Beruf und Haushalt stets das Richtige zur rechten Zeit tun läßt, – und das Spankörble, mit dem er nach Feierabend oder zum Wochenende hinaus in seinen Garten ernten fährt.

Diesen glücklichen Voraussetzungen seines Lebens dankt Stuttgart seine Aktivität und seine Frische, die trotz aller Nöte der Zeit nicht verloren wurden. Der Zugewanderte und der Gast danken diesem heiteren Klima des Landes ein Glück in Alltag und Arbeit, das sie lange nicht in solch ungetrübter Reinheit genießen durften.

Abstecher aufs Land – X-dorf

X-dorf, nicht größer als eine Straße lang und eine Gasse breit, liegt irgendwo in einem kleinen Flußtal, entfernt und seitab genug, um nicht vom Strom der Ereignisse berührt zu werden. Alle Häuser stehen wie in alten Zeiten, kein Backstein fehlt, und wenn nicht noch drei oder vier X-dörfer Männer auf der Vermißtenliste ständen, dann fehlte hier nichts zum vollkommenen Frieden. Die einzige geringfügige Störung brachten die wenigen Ostflüchtlinge, die X-dorf wohl oder übel aufnehmen mußte. Aber es fanden sich glücklicherweise ein paar halbverfallene unbewohnte Katen, und so ist man die unangenehme Sorge auf billige Weise losgeworden.

Der Bürgermeister von X-dorf ist ein guter Sohn seiner Gemeinde. Er kennt die Gedanken und Sorgen seiner Bauern als seine eigenen. Und so übersieht er mit verständnisinnigem Schmunzeln die erstaunlichen Differenzen zwischen realem Leben und der Statistik, wie sie sich beispielsweise bei den häufigen Schlachtungen in X-dorf ergeben. Wer eine Vier-Zentner-Sau schlachtet, gibt ihr Gewicht mit 160 Pfund an. Das ist genau der Verpflegungssatz, der der großen Familie zusteht. Und der Überschuß schmeckt allen Beteiligten umso besser, als sie sich sagen dürfen, daß sie wieder einmal nichts haben abgeben müssen. «Schade, daß wir nicht genug Gläser haben», sagte eine Frau zu mir, «man könnte soviel Fleisch einmachen. So aber ißt man es nur in sich hinein, um es seinen Nachbarn beim Schlachtfest nicht abzuschlagen.»

Immer ist irgendwo Schlachtfest, und die lieben Freunde sind herzlich eingeladen, soweit sie aus Geheimhaltungsgründen benötigt werden. So erfreuen sich die X-dorfer eines gesunden Aussehens und haben eine blühende und rote Gesichtsfarbe.

Anders sind die Verhältnisse bei Mehl und Brot. Denn hier ist die gutgehende Mühle eingeschaltet, die von dem zum Mahlen gebrachten Getreide ihren Zins einbehält. Und wer von dem ersparten Mehl etwas einhandeln will, muß schon einen guten Bissen aus der Räucherkammer holen.

Die Geflügelzählung klappt alljährlich tadellos. Als letztlich eine Kontrolle stattfand, war jeder X-dorfer so rechtzeitig informiert, daß er die überzähligen Hühner und Gänse bequem verstecken konnte. So gibt es auch auf diesem Sektor der Statistik keinerlei Differenzen.

Auf dem Rathaus besteht eine kleine Kartenstelle. Sie funktioniert reibungslos und ohne viel Lärm. Die Verwalterin ist nicht bestechlich, aber sie ist glücklicherweise auch nicht so weltfremd, die kleinen und großen Gaben der Bauern abzulehnen. So ergibt sich die freundliche Gewohnheit, daß gegen ein halbes Pfund Butter ein Bezugsschein für Schuhe zu bekommen ist, und gegen Wurst und Brot ein Bezugsschein für eine Hose oder Schürze. Alles basiert auf dem Prinzip hilfsbereiter Freiwilligkeit. Und jeder X-dorfer ist mit dieser Regelung durchaus zufrieden.

Am Rande des Ortes liegt die Möbelfabrik. Sie hat, wie mir der Leiter stolz verkündet, Holz genug, um noch fünf oder zehn Jahre ungestört produzieren zu können. Und es ist erfreulich zu sehen, welch treue Kunden die X-dorfer ihrem Möbelfabrikanten sind. Da werden Schlafzimmer und Wohnzimmer, Schlaraffiamatratzen und Büffets bestellt und geliefert. Und gerne fügen die Bauern ihrem Wunschzettel ein kleines nützliches Angebinde bei, das dem Möbelfabrikanten Freude macht. So sind Bauch und Gesichtsfarbe des Fabrikanten nicht ärmlicher als die eines jeden Bauern. Er braucht einem nicht leid zu tun.

Leider wirken die Flüchtlinge hier wie überall als störende Fremdkörper. Sie passen sich nicht den X-dorfer Gewohnheiten an, sie wünschen sich zwar ein Bett oder einen Tisch, aber sie bringen dafür nichts außer ihrem baren Geld. Und wundern sich womöglich noch, warum sie nicht beliefert werden!

Auf der anderen Seite des Ortes hat sich ein rühriger Schlesier als Gärtner niedergelassen. Auf einem kleinen Stückchen Acker hat er Mistbeete angelegt und scheute während der kalten Frühjahrsnächte die Mühe nicht, seine Pflänzchen mit einer selbst erfundenen Sägemehl-Heizung bei guter Temperatur zu halten. So waren seine Salatköpfchen und Stecklinge aller Art prachtvoll anzusehen und warteten auf die Käufer. Aber X-dorf kauft diese Ware nicht. Die X-dorfer haben seit je im Nachbardorf beim Gärtner gekauft, und aus welchem Grunde sollten sie mit einem Male wechseln und diesem Fremden ihr Geld hintragen?

Das politische Leben in X-dorf läuft in geregelten Bahnen. Neulich kam ein Redner der Sozialdemokratischen Partei und hielt einen Vortrag im Gasthof zum Hirsch. Alle X-dorfer waren da. Aber sie waren arg enttäuscht. Es gab keine Sensationen und keine großen Versprechungen. Der Redner war ein nüchterner Mann und sagte die Dinge, wie sie sind. Das liegt den X-dorfern nicht, zumal ja in X-dorf nichts fehlt. So gab es keinen Beifall und viele dumpf nikkende müde Köpfe über den Bierkrügen.

Drei Schnarcher wurden nicht geweckt. Seit diesem Ereignis sind alle Versuche, in X-dorf weiteres politisches Interesse zu erregen, zum Scheitern verurteilt. Neulich war wieder ein Vortrag angekündigt. Drei Mann gingen hin. Als sie sahen, daß sie allein blieben, gingen sie auch wieder heim. X-dorf ist konservativ, und man achtet gern auf das, was der Nebenmann tut.

Das Verständnis für die Situation der Zeit wird gefördert durch eine kleine Leihbücherei, die auf dem Rathaus verwaltet wird. Da gibt es: Graf Luckner «Seeteufel», dann «Mit dem Zeppelin um die Welt», ferner «Vom Schiffsjungen zum Fallschirmjäger-General», «Wir segeln dem Teufel ein Ohr ab» und eine ganze Reihe weiterer erzieherischer Werke mit meist soldatischem Einschlag. Der Leserkreis ist nicht groß, aber die gediegene Auswahl der Bücher trägt ihre Früchte.

Viele X-dorfer Männer, vor allem die jüngeren, sind überzeugt, «daß das Ganze eine Schande ist». In diesem Punkt empfinden sie überzeugt national. Einige sagen offen, daß sie, wenn es wieder Krieg geben würde, sofort dabei wären. Aus X-dorf und den Nachbargemeinden kamen früher viele aktive Feldwebel der deutschen Wehrmacht. Sie sind stolz darauf, daß sie es den gebildeten Herren in der Ausbildung beim Kommiß einmal gezeigt haben. Wer keine Kuh daheim im Stall hat, wird nie ein guter Soldat. So hat sich X-dorf seit alter Zeit in das bewährte System des Drills für unsoldatische Menschen erfolgreich eingeschaltet.

Neulich kam ein amerikanisches Auto durch den Ort. Offenbar hatten sich die zwei fremden Soldaten verfahren. Sie versuchten vergeblich, irgendwo Auskunft zu bekommen. Ein guter X-dorfer gibt sich nicht mit dem «Feind» ab. Ein evakuierter Student, der seit Kriegsende in X-dorf wohnt, spürte den Drang, seine englischen Sprachkenntnisse zu erproben, und ging auf den amerikanischen Wagen zu. Die Amerikaner fragten, er gab kurze Antwort, der Wagen fuhr weiter. Am Abend bekam er von allen X-dorfern die inquisitorische Frage zu hören: «Was hast du denn von denen gewollt?»

So bleibt X-dorf unter sich und wahrt das Gesicht. Hier

dringt kein fremder Zeitgeist ein. Und wer sonst einzudringen wagt, wird wirksam isoliert. Von höherer Warte gesehen muß man sagen, daß X-dorf offenbar ein Bollwerk der Demokratie ist, und daß aus solchem Holz, wie es die X-dorfer sind, die künftigen Weltbürger geschnitzt werden.

Sie fragen, wo X-dorf genau liegt?

Blättern Sie Ihren Atlas, wenn Sie noch einen haben, an einer beliebigen Stelle auf. Sie finden es auf jeder Karte der deutschen Provinzen, gleich oben links.

Schnittpunkt der Nationen – Konstanz

Wenn man am Seeufer in Konstanz steht, liegt die Schweiz beinahe greifbar nahe gegenüber: das großartige Massiv des Säntis erhebt sich steil und schneebedeckt über den Uferwäldern, und die gleißende Kette der Berner Alpen erscheint wie ein lockendes Phantom über den Türmen der Stadt. So nahe ist man dem «gelobten Land», daß man die elektrische Bahn am anderen Ufer summen hört, und daß am Sonntag morgen die Kirchenglocken aus der Schweiz friedlich über den See herüberklingen.

Vielleicht ist es diese Nähe sicheren Bodens, die so viele Menschen aus der Sturmflut der vergangenen Jahre hierher an den Bodensee flüchten ließ. Der Zuzug aus allen Provinzen des Reiches, vor allem aber aus dem Norden und Osten war außerordentlich. In mancher Beziehung machen die kleinen Städte rings um den See, Überlingen, Meersburg, Friedrichshafen, Lindau, fast den Eindruck von Emigrantenzentren, in denen sich Künstler, Philosophen und Gelehrte aus den zerstörten und verlorenen Städten gesammelt haben. Man trifft allenthalben auf große und bekannte Namen, die einst Sterne am Berliner oder Hamburger oder Kölner Himmel waren. In einer merkwürdigen Wiederholung seiner fernsten Geschichte ist der Bodensee noch einmal Kulturmittelpunkt geworden. Die Großstädte sind, scheint es, gestorben. Diejenigen geistigen Köpfe, die sie überlebten, haben sich nun in einige bevorzugte Winkel der Natur zurückgezogen. Im tiefsten Winkel des Bodensees, angelehnt an das freie Bergland der Schweiz, liegt Konstanz.

Diese Stadt hat als einzige auf deutschem Boden keine volle Verdunkelung gekannt. Schweizer Gebiet und deutsches Territorium sind hier so eng ineinander verzahnt, daß selbst der erbarmungslose Krieg eine Ausnahme gelten ließ. Es gibt keine Zerstörungen. Das Münster ragt wie zu alten Zeiten über die Dächer der Stadt. Das Jesuitenkolleg, das Konzilgebäude, Rheintor und Rheinbrücke, alles steht unversehrt an den Ufern der Inselstadt, und nicht einmal eine der sinnlosen Sprengungen hat die Ruhe dieser Straßen zu irgendeinem Zeitpunkt erschüttert.

Konstanz ist französisch besetzt. Und so kommt es, daß hier im Schnittpunkt der deutschen, schweizerischen und französischen Einflüsse ein prickelnd-anregendes Klima des Geistes entstand, wie es keine andere deutsche Stadt aufzuweisen hat. Diskussion und Austausch der Ideen, Sehnsucht nach draußen und Gespräch über die Grenzen, Unterhaltung in fremder Sprache, Buch und Zeitschrift von der anderen Seite – all dies ist hier möglich und wird täglich wahrgenommen.

Konstanz hat die außerordentliche Gunst seiner Lage zu nutzen gewußt und in zwei Kulturwochen, die im Sommer 1946 erstmals veranstaltet wurden, ein wahrhaft europäisches Geistestreffen herbeigeführt. Für vierzehn Tage tauchte sich die alte Konzilstadt in das betörende Gewand von Fahnen, Farben und Licht. Auf der Rheinbrücke wehten die Flaggen Frankreichs, Englands, der Vereinigten Staaten, der Schweiz, Rußlands und des Landes Baden. Die Rheinfront, das Münster, das Inselhotel und das Seehotel waren in den warmen Abendstunden dieser Sommertage in Scheinwerferlicht gebadet. In den buntbewegten Straßen, in denen berittene Spahis und schnelle Motorradposten dem französichen General als Eskorte voraus eilten, und in denen sich Künstler und Philosophen, Schauspieler und Musiker der benachbarten Länder ein Stelldichein gaben, hörte man, seit langem einmal wieder, den Klang der verschiedensten europäischen Sprachen.

Man sah, was deutsche und französische Künstler in unmittelbarer Vergangenheit an Bildern und Skulpturen geschaffen hatten. In überraschender Fülle waren die Werke der Modernen zu sehen. Es gab gutes, gegenwartsnahes Theater: verkörpert von den großen Spielern deutscher Bühnen traten die Gestalten Bert Brechts, Jean Giraudoux', Goethes und Corneillés auf die Bretter. Man hörte moderne deutsche, englische, französische und amerikanische Musik, es spielten deutsche, schweizerische und französische Orchester. Es war wirklich ein Konzil der Geister, und es ist sicher, daß von solchen Begegnungen Ströme der Initiative, der Sympathie und des gegenseitigen Verstehens auszugehen vermögen.

Aber solche Tage sind nur Höhepunkte. Sie steigern das Gesicht des Alltags über sich selbst hinaus, aber sie sind nicht der Spiegel des Alltags. Nicht immer heben sich die Schlagbäume der Grenze so leicht wie in solchen Wochen. Für gewöhnlich bleibt die Grenze die unübersteigbare Barriere, als die sie errichtet wurde, und die Sinnlosigkeit des Stacheldrahtzaunes erscheint ebenso deutlicher, je näher Häuser und Menschen hüben und drüben beieinander wohnen. Die Konstanzer, die zum Vorort Kreuzlingen hinaus leben, sehen ihren Schweizer Nachbarn direkt in die Fenster. Fast kann man die Äpfel, die über den Grenzzaun hängen, auf der anderen Seite auflesen. Der Dialekt, den die Schweizer auf der Südseite der Grenzschranke sprechen, klingt nicht anders als der Dialekt der alteingesessenen Konstanzer. Und viele Familien haben auf dieser und auf jener Seite Schwestern, Schwäger und Cousinen. Trotzdem sickert der Grenzverkehr nur spärlich durch die doppelte und dreifache Kontrolle. Und manches Liebesgabenpäckchen, das der schweizerische Zollbeamte gutmütig passieren ließ und gegen das der französische Gendarm nichts einzuwenden hatte, schickt der unbarmherzige deutsche Grenzer rigoros zurück. Es scheint manchmal furchtbar schwer zu sein, diese zwei Bruderstämme, die zueinander möchten, zueinander kommen zu lassen. Die Beamten der Nachkriegszeit haben ihre Gamaschenstiefel noch nicht ausgezogen. Die Bewachung der fiktiven Grenze ist dem unsterblichen deutschen Feldwebel wichtiger als die Freude, die eine Tafel Schokolade oder eine kleine Büchse Kaffee irgendwo bei einer Familie bereiten könnten. Es lebe die Bürokratie, und wenn wir verhungern sollten.

Trotzdem gibt es zahlreiche Ansätze des gegenseitigen Austausches, auch im Alltag. Das Konstanzer Theater, das im alten Bau des Jesuitenkollegs mit bewunderswerter Begeisterung spielt, erregte durch eine «Iphigenie»-Aufführung zum ersten Mal das Interesse der Schweizer Journalisten. Diese «Iphigenie» wurde ebenso wie zuvor eine «Faust»-Aufführung von der Hälfte aller Konstanzer Einwohner besucht, – so groß war der Hunger nach klassischen Theaterstoffen. Eine spontane Hilfsaktion für die deutschen Schauspieler war das Echo der Schweizer Veröffentlichungen. Die Freunde jenseits der Grenzen sammelten und schickten alles, was in Deutschland Mangelware war: von Kostümen und Textbüchern bis zu Bleistiften und Bohnerwachs, von Pinsel und Farben für den Bühnenmaler bis zu Besen für die Putzfrauen und ein paar anregenden Zigaretten für die Schauspieler. In Sonderberichten informierte die Schweizer Presse ihre Leser über das kulturelle Leben der Nachbarstadt. Nicht nur das Theater, sondern auch die zahlreichen Künstlerkolonien rings um den Bodensee fanden lebhafte Anteilnahme. Eine Schweizer Leihbücherei entstand, die den deutschen Lesern die literarischen Schöpfungen der vergangenen Jahre vermittelte, – ein erster, für viele Menschen wahrnehmbarer Schritt, um die geistigen

Schranken zu öffnen. Die Schweizer Schulspeisungen sind nur eine zusätzliche Maßnahme, freilich heute gleich wichtig wie Bücher und Ideen.

So führt die alte Konzilstadt am Bodensee ein Leben zwischen grauer Wirklichkeit und freundlicher Hoffnung. Die Lebensmittelrationen sind so niedrig wie irgendwo sonst in der französischen Zone, aber da und dort sickert ein kleines Hilfspaket von Schweizer Freunden herein und lindert die Not. Es gibt auch hier keine Bezugsscheine für Kleidung. Aber hin und wieder kommt ein guter Verwandter von drüben, dick angezogen, und geht erleichtert im wahrsten Sinne des Wortes, unter Hinterlassung einiger wärmender Jacken und Westen, wieder über die Grenze zurück. Noch ist auch den Konstanzern das Tor nach draußen nicht geöffnet. Aber Schweizer Journale, französische Zeitschriften und Zeitungen und amerikanische, schwedische, schweizerische Buchveröffentlichungen heben den Vorhang ein wenig, und man spürt, wie eine klarere Luft hereinströmt.

Ich sah an der Straße von Konstanz nach Kreuzlingen, die aus Deutschland hinüber in die Schweiz führt, ein Häuflein wartender Menschen stehen und hinüber winken. Sie waren durch den deutschen Schlagbaum, ein hohes Gitter, einen schweizerischen Zaun und den Schweizer Schlagbaum voneinander getrennt. Sie konnten nicht miteinander sprechen. Aber sie sahen sich, sie kannten sich und sie winkten sich zu.

Eine Brücke in die Zukunft – Köln

Wenn man über das Schicksal vieler Städte berichtet, erkennt man nach einer gewissen Zeit eine erschreckende Gleichförmigkeit in ihrer aller Geschichte: Blütezeit, Zerstörung, mühsamer Wiederaufbau und eine verhängte Zukunft, die womöglich den gleichen Ablauf noch einmal bereit hält. Kaum eine unter den deutschen Großstädten blieb von diesem unerbittlichen Kreislauf im letzten Jahrzehnt ausgenommen. Und manchmal scheint es, als wenn erkennbare Unterschiede im Antlitz der einen oder anderen Stadt nur vom größeren oder geringeren Grad ihrer Vernichtung herrührten.

Dennoch: Tradition und Genius loci behalten ihre Wirksamkeit über die Zerstörung hinaus, ja, sie beeinflussen sogar noch die Gegenwart und die Planung in die Zukunft, und zwar so mächtig, daß die Entwicklung ins Morgen unverwechselbar ist. Die einzelnen deutschen Städte werden, das ist gewiß, auch in kommenden Zeiten an ihrem Grundriß, ihrer landschaftlichen Gebundenheit und ihrem spezifischen Temperament deutlich unterscheidbar und erkennbar sein.

Eine von jenen, die über die Zerstörung hinaus ihren Charakter, ihre Eigenart bewahren, ist Köln.

Sicherlich ist diese Stadt besonders hart getroffen worden. Bombenangriffe und Artilleriekämpfe sind über sie hinweg gegangen wie Orkane. Die Altstadt mit ihren vielen vertrauten Straßen und Winkeln, mit ihren kostbaren Kirchen und ihren lieben alten Kneipen ist zusammengesunken. Nur der Dom ragt einsam und fast unzerstört über eine Totenlandschaft, ein feierlicher Gruß all jenen, die in ihre heimgesuchte Stadt zurückkehren.

Dennoch: sie kehren zurück. Im Halbrund der Ringstraßen, die das alte Köln in weitem Bogen umschließen, wohnen jetzt, kurz nach dem Ende des Krieges, schon wieder 30000 bis 40000 Menschen. Die ganze Stadt mit ihren Vororten beherbergt bereits wieder über 520000 Einwohner. Sie bauen sich, auf sich selbst gestellt oder mit Hilfe ihrer Nachbarn, aus den Trümmern kleine Behelfshäuser, winzige Wohnlöcher, manchmal auch eine saubere steinerne Baracke, aber sie siedeln sich so nahe wie möglich bei ihrer alten Heimstätte wieder an. Aus den Kellerlöchern mancher Ruine, die ausgebrannt und leer an der Straße steht, ragen unvermittelt ein paar Ofenrohre, die auf Leben deuten. Die frühere Parterre-Wohnung ist zum Hof geworden, wo jetzt Wäsche trocknet. Sie hausen wie die Zigeuner, aber sie wohnen wieder hinter «Maria im Kapitol», oder am «Groß St. Martin» oder neben «St. Aposteln» oder im Schatten von «St. Gereon».

Keine von den schönen romanischen Kirchen, die dieser Stadt eine so unvergleichliche Atmosphäre von Tradition und Würde gaben, ist erhalten geblieben. Aber ich sah in der Krypta von St. Gereon eine kleine Gemeinde versammelt, im Schutz der schweren romanischen Gewölbe betend. Es war ein Bild, wie man sich die ersten Christen beim heimlichen Gottesdienst in Höhlen und Katakomben vorstellt.

In der steinernen Wüste der zermalmten Stadt herrscht das Elend. Ich fand halbwüchsige Kinder zwischen Trümmern um ein Feuer sitzen, das sie sich aus verkohlten Balken eingestürzter Häuser gemacht hatten. Ich sah kleine Kinder, die im Schatten eines ausgebrannten Hauses Seilspringen übten, den zwanzigmal geflickten Strick an ein herabhängendes Wasserrohr geknotet. Ich sah Kinder, die einen von der Explosion einer Granate gekrümmten T-Träger als Rutschbahn benutzten; sie hatten ihn schon ganz blank gescheuert. Ich sah auch Kinder, die jeden vorübergehenden Engländer und jedes durchfahrende ausländische Auto um Zigaretten anbettelten, Zehn- und Zwölfjährige, die dann die Zigarette zu sieben Mark auf dem Schwarzen Markt verhandeln, und bei denen die Polizei manchmal ein Bündel Hundert-Mark-Scheine in den Hosentaschen findet.

Gegen das Übermaß der Zerstörung, gegen das Wohnungselend und die Verwahrlosung der Jugend, gegen den Hunger und die Verkehrsnot kämpft die Stadt mit ihren geringen Mitteln und bemüht sich, aus diesem Trümmermeer wieder die Anfänge eines neuen Köln zu schaffen. Aber es ist keine autoritäre, von oben her befehlende Bürokratie, die da am Werke ist, sondern die Beamten und Stadtverordneten packen ihre Aufgabe mit dem Ehrgeiz alter Kölner an und meistern sie mit jenem originalen Humor, der sich im Köllschen Dialekt widerspiegelt. Die Anordnungen des Magistrats kleiden sich nicht in das militärische «Sie haben sich...» und nicht in das rechthaberische «Du sollst...», sondern sie sprechen die Kölner auf gut Platt an und sehen eher wie freundschaftliche Vorschläge aus, sich gegenseitig aus dem Dreck zu ziehen. So stellten sich eine Viertelmillion Kölner freiwillig zum Aufräumdienst, schafften 400 000 Kubikmeter Schutt fort und schaufelten eine halbe Million Quadratmeter Straßenflächen frei, – nicht weil es befohlen wurde, sondern weil es um Köln ging.

Aber Trümmer beiseite schaffen, Straßen freilegen, Kanalisationen flicken, Straßenbahnwagen reparieren, Schulen wieder einrichten, – das alles sind Sorgen, die jede Stadt hat und die hier so gut wie anderswo bewältigt werden müssen. Was Köln kennzeichnet, sind zwei Besonderheiten, die aus seiner Lage am weiten Flußbogen des Rheins erwachsen: seine Brücken und seine kulturelle Tradition. Diese Stadt, die sich heute beinahe kreisförmig um die große S-Kurve des Rheinknies legt, ist vom Beginn ihres Bestehens an eine Stadt der Brücken gewesen, sachlich und geistig. Jeder Wiederaufbau und jede Zukunftsplanung müssen von hier ihren Ausgang nehmen.

Die Kölner Rheinbrücken sind sämtlich zerstört. Die Hohenzollernbrücke wurde von den zurückweichenden deutschen Truppen gesprengt. Die Mülheimer Brücke wurde durch Bomben zerschlagen. Die Hängebrücke zwischen Köln und Deutz, die Südbrücke und die Rodenkirchener Autobahn-Brücke sind gesprengt, getroffen und liegen im Strom. Wie unentwirrbare Skelette winden sich die Träger und Bahnen dieser Brücken, zerfetzt und zerknäuelt, und nur langsam schneidet sich der Schiffsverkehr eine enge Gasse durch die Trümmer. Und es wird gewiß noch Jahre dauern, ehe die letzten Stahlfetzen aus dem Flußbett entfernt sind.

Schon im Mai 1945 stand eine neue hölzerne Brücke oberhalb der alten Hängebrücke, von den Amerikanern erbaut und für mehr als anderthalb Jahre das wichtigste Bindeglied zwischen beiden Ufern. Später folgte die Patton-Bridge, die den Deutschen Ring mit dem Ausstellungsgelände am Deutzer Ufer verband, gleichfalls eine Hilfsbrücke, die die Engländer errichtet hatten. Als dritte wurde die Südbrücke für einen geringen Teil des Bahnverkehrs wieder instand gesetzt. Über diese Notlösungen hinaus greift das Projekt der neuen Deutzer Brücke, die nach modernsten Erfahrungen der Technik erbaut werden soll: eine kühne freitragende Verbindung über den Strom, die ohne Pylone und ohne Seile gespannt wird, wie eine Degenklinge über das Wasser gelegt, – ein neues Wahrzeichen des alten Köln.

So wie vor Jahrzehnten die Hängebrücke die erste ihrer Art in Europa war, so soll auch diese neue Kölner Brücke als erstes Bauwerk seiner Gattung stehen. Man wird Erkenntnisse aus dem Flugzeug- und Karosseriebau nutzen und so vom Technischen und vom Geistigen her den Kölner Bauplänen einen ganz auf die Zukunft gerichteten Auftakt geben.

Es ist sicher, daß der kommende Grundriß der Stadt von den Brücken, vom Strom und vom gebliebenen Mittelpunkt des Domes seinen Ausgang nehmen wird. Auch wenn historische Bauten wie der edle Gürzenich-Saal oder das Rathaus wiederhergestellt werden sollten, werden sie doch dem Gefüge einer größeren Stadtplanung eingeordnet sein.

Freilich, die weitsichtig geplanten Unternehmungen haben Zeit. Noch steckt das alte Köln tief im Dickicht seiner gegenwärtigen Not. Aber unbekümmert um alles, was vernichtet wurde, haben die geistigen und kulturellen Kräfte Kölns den Brückenschlag in die Gegenwart und die Zukunft begonnen. Die Museen wurden sämtlich zerstört, aber die Sammlungen blieben, bis auf geringe Ausfälle, erhalten. So sieht man nun eine Kostbarkeit nach der anderen wieder in die eng gewordenen Räume der Stadt einziehen. Die Kölner hören es kaum und kommen schon in Scharen gepilgert, ihre alten Schätze zu sehen. Im schmalen Turmhaus der alten Eigelstein-Torburg, die wie ein Kastell mitten im Gewoge des Verkehrs steht, findet man die leuchtenden Meisterwerke holländischer und flämischer Malerei aus den Beständen des Walraff-Richartz-Museums. Weiter südlich am Ring, im Bau des Hahnentors, zeigen Kölner Künstler ihre Gegenwartskunst, und in anderen Notunterkünften stellen sich rheinische und bergische Kunst zur Diskussion. Das Rautenstrauch-Joest-Museum breitet seine völkerkundlichen Schätze wieder aus, auch wenn es den Platz mit den Kammerspielen teilen muß, die unter dem gleichen Dach eingezogen sind. Überall sucht sich die Kunst ein Notasyl und beginnt optimistisch zu wirken, ohne nach dem sicheren

Haus von morgen zu fragen: Schauspiel und Oper nutzen die große Aula der Neuen Universität, die Operette wählte sich einen ehemaligen Kinosaal im Hochhaus am Ring und die Staatliche Musikhochschule zieht ins alte Oppenheim-Palais am Oberländer Ufer.

Unbekümmert um tausend Schwierigkeiten ergreift die alte Domstadt wieder die Initiative, um den Rhein und das Rheinland zum Bindeglied Westeuropas zu machen. In einer eindrucksvollen Kundgebung des Geistes versammelte Köln in seinen zerstörten Mauern Deutsche, Engländer und Franzosen unter dem Motto «Der Rhein und Europa» und zeigte in Vorträgen und Schauspielen, in Kunstausstellungen und Musikdarbietungen, in Anregungen und Diskussionen einen Weg, um aus dem Chaos der Gegenwart heraus zu finden in die Klarheit gemeinsamen Denkens und Schaffens. Anläßlich dieser Demonstration der Kunst und des Geistes war es auch, daß die Stadt Köln drei einzigartige Besitztümer aus dem weiten Bereich ihrer künstlerischen Überlieferung der Öffentlichkeit übergab: das Dionysos-Mosaik, die Sammlung Kölner Glasmalerei und die Sammlung Haubrich. Das Dionysos-Mosaik hatte man unter dem Dom-Hügel gefunden, als man die Gewölbe zum Dom-Bunker aushob. Während des Krieges lag es unter einer riesigen Betonplatte geschützt. Nun gibt es, jedem zugänglich, seine leuchtende Farbenfülle preis: ein übermütiger Jubelgesang auf das Leben, vor rund eintausendachthundert Jahren auf den Boden eines römischen Palastes komponiert, der zweimal den Untergang dieser Stadt überlebte: den einen, der ihn nach dem Abzug der Römer mit Brandschutt bedeckte, und den zweiten, der ihn wieder ans Licht hob. – Die Sammlung Kölner Glasmalerei zeigt Glasfenster Kölner Kirchen vom 13. Jahrhundert bis zur Gegenwart. Die Kirchen sind zerschlagen, nun leuchten ihre geheimnisvoll brennenden Fenster in einzigartiger, stiller Versammlung im Gebäude der Neuen Universität – ein unfreiwilliges Geschenk des Krieges, der die Heimstätten dieser Kleinodien zertrümmerte und sie so zu wunderbarer Konzentration zusammenführte. – Das dritte, die Sammlung Haubrich, erwuchs gleichfalls aus Vernichtung und Not. Während die Werke moderner Kunst aus den deutschen Museen verbannt und verjagt wurden, sammelte Haubrich gerade die Verfemten und schuf sich so eine beinahe vollständige Kollektion expressionistischer Kunst, die alle großen Namen und Könner in sich vereinigt. Ruhelos und ohne Raum für seine Schätze kam er zu seiner Vaterstadt Köln und bat sie, die Sammlung als Geschenk anzunehmen. Nun flammen die Farben Noldes und Rohlf's, Erich Heckels und Xaver Fuhrs, Feiningers und Beckmanns und vieler anderer Gegenwartskünstler in den Sälen der halbzerstörten Alten Universität und sind zum Wallfahrtsort aller jungen Menschen geworden.

Das römische Köln, die mittelalterliche Kirchenstadt und die junge lebendige Stadt am Strom reichen sich von Kunstwerk zu Kunstwerk die Hand. Spürbar lebt die Tradition dieser zweitausend Jahre noch in den Ruinen. Es kann kein Zweifel sein, daß der Brückenschlag ins Morgen gelingt.

Fassade einer unzerstörten Stadt – Heidelberg

Früher kamen die Fremden nach Heidelberg, um ein zerstörtes Schloß zu sehen. Heute kommen sie, um eine unzerstörte Stadt zu sehen. Dieses Paradox ist Heidelbergs glückliches und tragisches Schicksal.

Tatsächlich ist es ein merkwürdiges Erlebnis, wenn man, erschöpft vom täglichen Anblick niedergewalzter Städte, vom Bahnhof in Heidelberg über den Bismarckplatz in die Hauptstraße kommt und inmitten eines strudelnden Verkehrs die lange Promenade großer Schaufensterscheiben entlang geht, von denen nicht eine fehlt. Die alte Universität, die Heilig Geist-Kirche, die Jesuitenkirche, das Rathaus, der Marstall, alles ist da. Der schöne steinerne Giebel des Hauses «Zum Ritter», der «Perkeo», der «Goldene Hecht» und all die anderen altbekannten Kneipen und Gastwirtschaften finden sich am alten Platz, und selbst die großen und kleinen Cafés prangen nach wie vor mit goldenen Buchstaben und blanken Fenstern, hinter denen spießbürgerlich-gemütlich oder anmutig-modern die faltigen oder gerafften Tüllgardinen hängen.

Die Heidelberger, die den ganzen Krieg hindurch, ausnahmsweise zu Recht, darauf vertraut hatten, daß ihre Stadt eine romantische Liebe der anderen sei, genossen das Kriegsende als erleichtertes Aufatmen nach einer furchtbaren Spannung. Sie hatten es überstanden. Beruhigt überließen sie sich wieder dem Leben, das von nun an in mildem Strom weiterfließen würde, vom ersten Friedenstage an - ad infinitum.

Aber in dieser Sintflut, die seit sechs oder seit zwölf Jahren unser Dasein verschlang, wurde für niemanden eine Arche Noah gebaut. Wen es vor dem Krieg nicht traf, und wen die Bomben verschonten, und wen keine Gebietsabtrennung und kein Flüchtlingszug, keine Plünderung und keine Verhaftung um seinen Besitz brachten, der wird (zum stillen Trost der anderen, die es schon hinter sich haben) Haus und Habe doch endlich auf andere Weise los. Die Bombe zündet, auch wenn ihr Knall unhörbar bleibt. Auch Heidelberg ist kein Reservat des Glücks geblieben.

In den Kulissen von Alt-Heidelberg, das zu so vielen Studentenliedern, Kitschfilmen und Andenkenpostkarten Pate gestanden hat, wird heute wie überall sonst das deutsche Drama gespielt, – pausenlos und in vielen Aufzügen. Die vielen zehntausend Flüchtlinge aus dem Osten, die nach Heidelberg strömten, ebenso wie die ausgebombten Einwohner von Mannheim und Karlsruhe, die in die Nachbarstadt zogen, gehören so gut zur Statisterie dieses Schauspiels wie die alteingesessenen Heidelberger, die Professoren und Studenten der Universität oder die ewigen Wanderer, die hier für drei Tage oder eine Woche vorübergehend Unterschlupf suchen. Und ich bezweifle, ob die zahlreichen Amerikaner, die hier im Quartier liegen, in der überfüllten und verarmten Stadt noch das «merry Old Heidelberg» wiederfinden, das sie vielleicht erwarteten, ehe sie kamen. Heidelberg ist Hauptquartier einer Armee und Zentrale einer Reihe von großen amerikanischen Organisationen, die automatisch einen Stab von Menschen und Fahrzeugen nach sich ziehen.

In den Hotels, die einst bunte Karawansereien des Fremdenverkehrs waren, sind jetzt Behörden und Offiziersmessen untergebracht, und viele Villen und Wohnungsbauten sind durch die Besatzungsmacht belegt. Manche Heidelberger Familie, die vielleicht während des Krieges dem guten Stern der Stadt vertraut und die tägliche und nächtliche Panik der Flucht in den Luftschutzkeller nicht kennengelernt hat, lebt nun auf lange Sicht aus dem Koffer, in dem das Lebensnotwendige dauernd griffbereit liegt. Während anderswo eine Kiste von Büchern, die die Bombenjahre überstanden haben, wieder in die enge Wohnung wandert, liegen die Bücher und Bilder der Heidelberger nun, nach hundertmal überdachtem Plan verteilt, bei Freunden und Bekannten, um ihrem Besitzer erhalten zu bleiben. Sie erfahren, was die meisten Deutschen außer ihnen längst begriffen haben: «Besitz ist Armut und Angst».

Im Widerspruch zwischen dem freundlichen Scheinbild der Stadt und dem täglich sichtbarer werdenden Verlust so vieler überkommener Werte sehen sich die Heidelberger in ein neues Leben gezwungen, das sie noch kaum zu meistern gelernt haben. Sie möchten noch immer die alten Rollen spielen, und sie merken nur allmählich, daß längst ein anderes Stück auf dem Spielplan steht. Mit leiser Wehmut blikken sie von der Höhe des Philosophenweges hinunter auf ihre malerische alte Stadt und seufzen. Es gibt wahrhaftig kein ruhiges Fleckchen mehr in Heidelberg, nicht einmal im Winter.

Sie investierten ihre ganze Liebe zum alten Heidelberg, als es um die Wiederherstellung der Alten Brücke ging, die als einziges Bauwerk ein Opfer des Krieges geworden war; zurückgehende deutsche Truppen hatten einige Bögen gesprengt. Aber nun, da die klaffende Lücke sich schließt und die roten Sandsteinblöcke, fein säuberlich nach Farbe und Gesteinsart abgestimmt, sich wieder zum Bogen fügen, merken die Bürger der Stadt, daß sie, indem sie ihr Geld und ihre ganze Hingabe an diese Wiederherstellung wendeten, doch das alte Bild der Stadt nicht zurückzaubern können.

Sind es nur die olivgrünen Uniformen und die schnellen Wagen der Amerikaner, die diese Wandlung schufen? Sind es die so anders eingestellten Studenten, die ohne Farben und Komment, arm, lernbegierig, eifrig, die Hörsäle bevölkern? Ist es das ungewohnte Bild des Collegium Academicum, das in kein überkommenes Schema paßt? Sind es die vielen Kunstausstellungen und Feierstunden der «Freien Gruppe», die die überkommenen Wertmaßstäbe für bildende Kunst und Musik erschüttern? Oder sind es die armseligen Gestalten der schlesischen Frauen und Kinder, die fremd in diesen Mauern sind? Ist es das Schild des «American Red Cross», das nun über der Tür des Hauses «Zum Ritter» hängt? Oder ist es der «Special Service» der US-Armee, der mit Kino und Revue in die Säle der Neuen Universität eingezogen ist? Es ist alles verwandelt. Alle Maßstäbe sind geändert. Die einst so ruhige kleine Stadt faßt und begreift das Neue nicht mehr. In der Enge der Wohnungen brütet die Not. In den dichten Menschenansammlungen nistet sich die Tuberkulose ein und greift beängstigend um sich. Mit vielen tausend zugewanderten Mädchen und Frauen kamen Prostitution und Geschlechtskrankheiten in die Stadt, unzählbar, kaum kontrollierbar, nicht mehr einzudämmen. Der Schwarze Markt findet sich in allen Straßen, und nur mühsam gelingt es dem «Weißen Markt», durch organisierten Tausch ein Gegengewicht zu schaffen.

Das alles ist nicht mehr Heidelberg, wie es der Vorstellung von einst entspricht. Natürlich ist mancherlei im alten Stil geblieben: kleine Studentencafés, in denen es Kaffee und Brezeln gibt, alte Gassen am Neckar, in denen noch die Handwerker und kleinen Leute wohnen, bunte Andenkenläden am Bahnhof, angefüllt mit kostspieligen Sinnlosigkeiten, und auch die kleinen hölzernen Verkaufsbuden zwischen den Strebepfeilern der Heiliggeist-Kirche, in denen die Hausfrauen Gemüse kaufen oder ihre Schuhe reparieren lassen. Natürlich ist Heidelberg auch heute noch eine Stadt der Maler und Romantiker. Der Glanz über den Dächern und Türmen, die leuchtenden Farben des Neckartales an einem goldenen Herbsttag oder im Licht des Frühlings, auch die Stille der Wege hoch auf den umgebenden Höhen, sie alle sind unverloren.

Es gab sogar eine Schloßbeleuchtung zur Feier des amerikanischen Unabhängigkeitstages, mit sprühenden Raketen und bengalischem Feuer. Aber vielleicht ist es den staunenden Heidelbergern gerade im Anblick ihrer nächtlich erglühenden Schloßruine heimlich zum Bewußtsein gekommen, wie ihre Stadt Fassade ihrer selbst geworden ist.

Optimistische Metropole am Rhein – Düsseldorf

Der erste Eindruck, den die Stadt dem Besucher vermittelt, ist der von Sauberkeit, Frische und einer nicht verschütteten Eleganz. Auf dem Bahnhofsvorplatz fahren die leuchtend hell gestrichenen Straßenbahnen rasch und in zügigem Wechsel vor, und schon die Art, wie hier die vom Kriege zersplitterten Fensterscheiben ersetzt wurden, zeugt von einer beneidenswerten Gabe für Improvisation mit Geschmack. Dieses glückliche Talent, Schönheit und Ästhetik noch in Gebirgen von Trümmern zu verwirklichen, erweist sich erst recht, wenn man die altvertraute Königsallee hinunter schlendert, aus deren Ruinenstätten sich mit Nichts gezauberte Ladengeschäfte reizvoll erheben, erste Blüten an einem Baum, der kahl gebrannt schien.

Man kann, ohne tiefe Enttäuschung zu erleben, diesem hellen Antlitz der Stadt auch weiterhin allenthalben begegnen. Ja, fast scheinen die Sorgen, die Krieg, Not, Bomben und Hunger überall in der Welt verursachten, hier bereits überwunden zu sein. Die zahlreichen Cafés in der Stadtmitte sind vom hohen Mittag an voll besetzt. Man bekommt an die acht verschiedene Sorten Torte, darunter als Überraschung für den Fremden echte Buttercremetorte in Friedensqualität. Und man staunt, wenn man sieht, in welchen Mengen sie von den schmucken Kellnerinnen serviert wird. Bedauernd sucht der Gast aus anderen Zonen in seinem Vorrat von Lebensmittelmarken nach den notwendigen 15 Gramm Zucker und 15 Gramm Butter, die außer den Brotmarken erforderlich sind. Und mit stillem Neidgefühl sieht er die Düsseldorferinnen ringsum ihre Teller leeren. (Aber er hat die Kehrseite der Medaille noch nicht gesehen. Sie wartet auf ihn in allen Häusern und Straßen der Stadt.)

Der positive äußere Eindruck wird verstärkt durch die vielen gut dekorierten Schaufenster, in denen mit einem Minimum an Ware ein freundliches Bild geschaffen wurde. Aus Abfällen, rohen Backsteinen und einem winzigen Fensterrahmen entstanden allenthalben ansprechende Ladenfronten, die nur durch einen originellen Anstrich und ein bißchen Dekoration ihre Armut verbergen. Vor diesen Fenstern promenieren erstaunlich viele Menschen in guter Kleidung. Das fällt besonders auf, wenn man aus den anderen Städten des nahen rheinisch-westfälischen Industriegebiets kommt. Es scheint, als hätten die Düsseldorfer von ihrer Habe aus Vorkriegszeiten mehr ins Heute gerettet als andere Leute. Und man möchte meinen, daß sich hier noch immer ein Teil jener reichen Bürgerschicht repräsentiert, die einst Düsseldorf zur ergiebigsten Steuerzahlerin des Reiches machte. Es scheint... Aber der Schein trügt.

Man kann Düsseldorfs heutige Situation nicht allein nach diesem ersten Eindruck beurteilen. Der Krieg hat hier, mit Bomben und Artilleriebeschuß, nicht weniger gewütet als anderswo auch. 50 Prozent des Wohnraums der Stadt wurden vernichtet. Die Hochhäuser und Bürobauten sind fast durchweg ausgebrannt, die repräsentativen Kaufhäuser, die der Innenstadt das Gesicht gaben, stehen nur noch als leere Fassaden. Die Königsallee war nach dem Ende des Krieges nur ein unübersteigbarer Trümmerhaufen. Aber Bürger und Stadtverwaltung sind vom ersten Augenblick an mit rastlosem Eifer an die Arbeit gegangen. Man sieht heute keine schuttbedeckte Straße mehr. Die großen Kulissen der Hochhäuser stehen wieder über blanken, breiten Asphaltbahnen als sichtbare Wahrzeichen der Stadt. Es kann nur eine Frage der Zeit sein, wann sie wieder ausgebaut werden.

Aber hinter den schönen Fassaden lauert die Wohnungsnot. Im Herbst 1946 hausten noch 15 000 Düsseldorfer Einwohner in Bunkern. Es fehlt wie überall an Baumaterial. Darüber hinaus besteht Mangel an Schuhen und Anzügen für die Arbeiter und an Nahrungsmitteln für jedermann. Vom frühen Morgen an stehen die endlosen Schlangen in allen Straßen der Stadt. Lebensmittelgeschäfte, Einheitspreisgeschäfte, Schuhbesohlanstalten und Bäckereien sind gleichermaßen bestürmt. Die Platznot in den Straßenbahnen ist unbeschreiblich. Die ungeheure Ansammlung von Menschen hier an der Peripherie des Industriegebiets schafft für die Verwaltung täglich fast unlösbare Aufgaben. Im Regierungsbezirk Düsseldorf wohnen heute über 760 Menschen auf dem Quadratkilometer, gegen 130 in Bayern und etwa 200 in der britischen Zone. Die Versorgung dieser Millionen mit den allernotwendigsten Verbrauchsgütern ist oft genug in Frage gestellt. Mehr als einmal erlebte ich in den Straßen Düsseldorfs die Szene, wie ein Mann, der ein Brot unter dem Arm trug, auf Schritt und Tritt angehalten wurde: «Wo haben Sie das Brot gekauft?» (Hier fragt der kritische Beobachter nach dem verblüffenden Konsum von Buttercremetorte. Die Erklärung liegt in dem Hang zum Leichtsinn, zur fröhlichen Verschwendung, der einen Teil des Düsseldorfer Volkscharakters ausmacht. Man kauft sich für die letzten Brot- und Fettmarken lieber ein Stückchen Torte als ein schwarzes Brötchen. Es schmeckt besser.)

Die würgende Not der Zonengrenzen und der durch sie bewirkten Abtrennung macht sich hier stärker bemerkbar als in anderen Provinzen. Das Nordrheinland kann auf sich gestellt nicht leben. Hinzu kommt die Ungewißheit über das künftige Schicksal des Industriegebiets. Düsseldorf und mit ihm seine Nachbarstädte können an keine weitsichtige Planung gehen, ehe sie nicht über ihre endgültige staatliche Zugehörigkeit Gewißheit haben. Dies alles bedeutet, daß für den Düsseldorfer die Frage nach dem täglichen Brot und nach einem Gericht Kartoffeln dringlicher ist als jede andere. Kunst, Wiederaufbau, Zukunftspläne, das alles steht hinter dem Kampf um die nackte Existenz zurück. Trotzdem wird aufgeräumt, ausgebessert, aufgeputzt, geplant und produziert. Das spezifische Temperament des Düsseldorfers, seine ungemein glückliche Veranlagung meistert die gegenwärtige Not mit einem Lächeln.

Ich hatte Gelegenheit, diese besondere Mischung aus niederrheinisch-bäuerlicher Schwere, rheinischer Heiterkeit, aus der dem Kohlenpott eigenen zähen Betriebsamkeit und dem besonderen Schuß künstlerischer Begabung gewissermaßen am Ursprungsort zu beobachten. Ich wohnte einem Vereinsabend der «Düsseldorfer Jonges» bei, die im halb zerbombten «Goldenen Anker», im Nebenhaus von Heinrich Heines Geburtsstätte, zusammen kamen, um über den Wiederaufbau ihrer Altstadt zu diskutieren. Es waren Kaufleute, Bäckermeister, Professoren, Arbeiter fröhlich durcheinander. Die zuversichtliche Sachlichkeit, mit der sie die Probleme ihrer Stadt besprachen, der selbstbewußte Humor, mit dem sie ihre eigenen Schwierigkeiten erkannten, die herzliche Verträglichkeit, mit der sie die gegenseitigen Wünsche anhörten und respektierten, diese ganze rheinische Atmosphäre machte Vortrag und Diskussion zu einem wahrhaft erfrischenden Erlebnis.

Später fand ich die gleiche Zielstrebigkeit und die gleiche Leichtigkeit der Improvisation bei den verantwortlichen Dezernenten der Stadtverwaltung, die täglich hundert Mauern umrennen müssen, um das Lebensnotwendige zu erkämpfen, und die doch das schmunzelnde Verständnis für den Nebenmann nie verlieren.

Mit diesem Talent zu leben hat Düsseldorf auch die schweren Schläge hingenommen, die Krieg und Kriegsausgang seiner Wirtschaft versetzt haben. Mutig ist es heute dabei, sich eine neue Position zu schaffen. Früher konzentrierten sich auf der Breiten Straße die Milliardenwerte des gesamten rheinisch-westfälischen Industriegebietes. Die Verwaltungen fast aller großen Werke und Konzerne saßen hier in der modernen Rheinstadt, und die Steuer-Erträge ebenso wie das überzählige Einkommen der Industriemagnaten flossen durch die Wirtschaftskanäle der Stadt. Diese Großindustrie ist heute vernichtet. Aber die Stadtverwaltung bemüht sich, die verbliebenen kleineren Industrien auszubauen und neue aus den verlorenen Ostgebieten und aus anderen Teilen Deutschlands an sich zu ziehen. So gibt es bereits wieder optische, chemische, pharmazeutische und Textil-Industrie im Umkreis der Stadt. Eine eigene Mode-Industrie mit Ateliers, viel Heimarbeit, einem Modejournal, mit Modeschule und Modeschauen wird eifrig gepflegt. Schon etwa ein Jahr nach Kriegsende fand im Keller des ausgebrannten «Malkasten»-Hauses die erste Düsseldorfer Modeschau statt.

Darüber hinaus kamen zahlreiche behördliche und industrielle Verwaltungen nach Düsseldorf. Über fünfzig Wirtschaftsverbände haben bereits wieder hier ihren Sitz, und mehr und mehr rücken die Verwaltungsämter der Rheinprovinz an den Sitz der Militärregierung nach. Düsseldorf liegt heute zentral im englischen Teil der Rheinprovinz und hat so, beinahe stillschweigend, die Rolle der Metropole übernommen, die die schwer zerstörte Domstadt Köln früher innehatte, aber offensichtlich, wenn auch unter heftigem Widerspruch, allmählich abgeben muß. Das ungestüme Temperament Düsseldorfs, sein Glück und sein schnelles Zupacken haben das Duell zwischen den beiden großen Schwestern entschieden.

Es entspricht dieser wirtschaftlichen und politischen Führungsrolle, wenn Kunst und Kultur mit gleicher Initiative ans Werk gehen. Schon früher besaß die Stadt ja ihren wohlbegründeten Ruf als «Kunststadt Düsseldorf». Heute bestreiten vier städtische Theater und mehrere private Bühnen den Theaterspielplan der Stadt. Die Akademie zieht wie in früheren Jahren eine große Zahl von Malern und Bildhauern an, die mit der Bevölkerung in engem Kontakt leben. Der «Malkasten» bemüht sich um seinen Wiederaufbau, nachdem in seinen malerisch improvisierten Kellerräumen schon lange wieder ein reges Gespräch herrscht. Im Ehrenhof des früheren Gesolei-Gelände wechseln Ausstellungen moderner Kunst einander ab, und es ist erstaunlich zu sehen, welch großen Anteil an Gegenwartskunst der rheinische Privatbesitz gesammelt hat und nun dem Museum zur Verfügung stellen kann. Der Eifer, mit dem sich Künstler und Unternehmer in Düsseldorf an die Aufgaben des Tages machen, kann nicht darüber hinwegtäuschen, daß die eigentliche Krisis vielleicht erst morgen bevorsteht. Denn es wird eine Frage der Zusammenarbeit der Zonen sein, ob die Rheinprovinz, das Industriegebiet und mit ihm sein bestimmender Exponent Düsseldorf die befruchtende Rolle weiterspielen dürfen, die sie im gesamtdeutschen Rahmen bisher innehatten, – oder ob die Stadt sich einen gänzlich neuen Weg aus der Isolierung suchen muß.

Daß die junge Metropole am Rhein sich so oder so durchsetzen wird, dafür bürgt ihre ungebrochene Tatkraft und ihr unverwüstlicher Optimismus.

Verschlossenes Tor zur Welt – Hamburg

Dreimal erlebte ich Hamburg in einer unvergeßlichen Situation: das erste Mal, als wir mit dem Dampfer «Deutschland» langsam von den St. Pauli-Landungsbrücken hinausgeschleppt wurden, Richtung Cuxhaven, Southampton, New York. Da schäumte um uns das ganze ungestüme, brausende Leben der Weltstadt, da dröhnte es in den Helligen, da war das quirlende Durcheinander der Schlepper und Frachter, der schnellen kleinen Motorboote und der schweren Fähren, da lag die große Stadt mit ihren Türmen und Handelspalästen, ihren Hochbahnen und ihren Werften, mit ihren zweieinhalb Millionen Einwohnern und ihren zahllosen Fremden und Gästen aus allen Ländern der Erde atmend und schnaubend uns zu Füßen, und indem wir langsam elbabwärts hinausglitten, öffnete sich vor uns die Niederelbe, die Nordsee, die Welt. Hamburg war wirklich Deutschlands Tor zur Welt. – Das zweite Mal sah ich die Stadt im Feuersturm ihrer Vernichtung. Keine Bombennacht irgendwo in Deutschland war so furchtbar wie dieser Orkan aus dem nächtlichen Himmel. Und die Bilder der verbrannten, verkrümmten Gestalten, die am Morgen auf dem geschmolzenen Pflaster der Straßen und auf den Treppen lagen, noch mit den leichten Köfferchen ihrer Habe in der toten Hand, diese entsetzlichen Bilder werde ich niemals mehr vergessen können. – Das dritte Mal rollte der endlose Zug mit entlassenen Kriegsgefangenen langsam durch die abendliche Stadt. Wir alle, die wir lebend aus dem Inferno des Krieges heimkehrten, standen an den offenen

Güterwagentüren und sahen hinaus. Unabsehbar schien die große Ruinenlandschaft. Aber dieses Meer von Trümmern war nicht tot. Es war, als habe sich die Kunde unseres Transportes von weither durch die zerschlagene Stadt verbreitet. Inmitten zerfallener Häuser flammten Lichter auf. Schatten winkender Menschen erschienen überall in den hellen Rechtecken, die das Licht aus dem Abend schnitt. Wie von Zauberhand geweckt erstanden Fenster, Lichter und Menschen überall zwischen den Steinen, und ein nicht enden wollendes Winken und Rufen begleitete uns, die wir erschüttert in den dunklen Wagen standen. Aus toten Häusern sprangen Menschen im Nachthemd auf die im Leeren hängenden Balkone, uns zu sehen und uns zuzuwinken. Es war wie eine Manifestation des Lebens, ein Gruß über den Rand der Zerstörung hinaus, hinüber in das wieder beginnende Dasein.

Nun bin ich wieder in Hamburg. Und überrascht und beglückt stehe ich im Getriebe dieser immer noch ruhelosen Stadt und spüre: hier ist wirklich eine Kapitale lebendig geblieben. Vielleicht ist Hamburg, das so furchtbar bombardierte Hamburg, die einzige deutsche Großstadt, die das Gesicht einer bedeutenden deutschen Stadt von vor dem Kriege bewahrt hat. Wenn man vom Hauptbahnhof zur Binnenalster und von dort zum Rathaus, zur Mönckebergstraße und zum Chilehaus wandert, scheint nichts zu fehlen. – Die große Front der Verwaltungsbauten am Alsterufer steht unversehrt, das Alster-Kaufhaus am Jungfernstieg zeigt verführerische Auslagen in seinen Schaufenstern, am dunklen hohen Rathausbau herrscht unablässiger schneller Verkehr, Börse, Hauptpost, Universität, Kunsthalle und Musikhalle sind erhalten, und zwischen den steilen Klinkerbauten der großen Hochhäuser flutet der Strom der Fußgänger und Wagen in beinahe verdoppelter Stärke. Man sieht auffallend viele Privatautos und neben ihnen die olivgrünen Volkswagen und Jeeps der Militärregierung, und die schwerfälligen Lastfahrzeuge, die zum Großmarkt rollen.

Freilich gibt es weite Lücken, die die Bomben rissen. Ganze Stadtteile wurden niedergewalzt. Und an einigen Ausfallstraßen dehnen sich die Trümmerfelder wie eine schreckliche Kraterlandschaft bis zum Horizont. Aber die Fahrspuren sind überall frei. Mehr als in anderen betroffenen Städten ist man hier seit langem schon beim Aufräumen. Bagger und Greifer fressen sich in die Berge von Schutt und heben ihre Last in die bereitstehenden Lastwagenzüge und Straßenbahn-Transporte. Förderbänder bringen die Trümmermassen über große Entfernung zu den Ab lagerungsplätzen, und in vielen Straßen bietet sich bereits das ungewohnte Bild planierter Häuserflächen, die vollkommen freigeräumt und eingeebnet sind. Hier entsteht, so scheint es, wieder verfügbarer Raum für neue Planung, hier kann man wirklich schon an das zukünftige Bild der Stadt zu denken wagen. Der Vorsprung, den Hamburg zeitlich vor anderen deutschen Großstädten hat, ist deutlich bemerkbar: die Hamburger Katastrophe kam fast zu Beginn der alliierten Luftoffensive. So konnte die Stadt schon 1943 mit den Aufräumungsarbeiten beginnen. Und als andere Städte sich noch im aussichtslosen Straßenkampf zerfleischten, waren hier schon allmonatlich 20 000 Kubikmeter Schutt abgefahren worden.

Seither konnte der Umfang der Aufräumungsarbeiten ständig gesteigert werden, in manchem Monat auf 50 000 bis 60 000 Kubikmeter. Aber auch hier in Hamburg erwies sich Aufräumen und Bauen als eine Frage der Arbeitskräfte, des Handwerkszeugs, des Betriebsstoffes und der Ernährung. So machen sich die Krisen in der Nahrungsmittelversorgung jeweils auch in der Leistung der Räumkolonnen bemerkbar. Ähnlich wie das Ruhrgebiet ist Hamburg unfähig, sich aus sich selbst zu ernähren. Mehrfach gab es kritische Tiefpunkte, so im März 1946, als die Zuteilungen auf rund 1000 Kalorien sanken, und auch später noch, als sie 1254 Kalorien betrugen. Der Hunger ist auch jetzt noch nicht gebannt, wenngleich die Nahrungsmittelmengen inzwischen vergrößert wurden. Hamburg braucht den Austausch seiner eigenen Arbeitsleistung gegen Zufuhren von außen. Es kann nicht in der Isolierung bestehen, weder in der Isolierung seiner Zone noch in der Isolierung Deutschlands.

Häufiger als in anderen Großstädten hört man hier von Hungererkrankungen. Die Zahl der Tuberkulosekranken ist erschreckend hoch. Und obwohl die Britische Militärregierung vielen Schulkindern ein warmes Mittagessen gibt und das Schwedische Rote Kreuz Zehntausende von Hamburger Kleinkindern beköstigt, sieht man es den Kindern in den Straßen an, daß sie nicht satt werden. Das Gespräch der Hamburger in der Hochbahn und in den Zügen, die aufs Land hinaus fahren, dreht sich immer wieder ums Essen. Und viele von denen, die ihren Hamburger Zuhörern oder Zuschauern in Konzertsälen und Theatern ein paar Stunden Entspannung schenken, haben zuvor sorgenvoll an einer Scheibe trocken Brot gekaut.

Trotzdem (oder vielleicht gerade deswegen) ist das kulturelle Leben der alten Hansestadt von atemberaubender Vielfalt. Inmitten des Ringes von niedergewalzten Vororten, zwischen den Trümmerfeldern von St. Pauli, Hamm und Hammerbrook, von Rothenburgsort, Wandsbek und Barmbeck lebt die City ihr überlautes Dasein, von allen Impulsen einer Nachkriegsgeschäftigkeit getrieben, in vielen Teilen schnellatmiger und farbiger, als die wirtschaftliche Lage der Stadt es vermuten läßt. Die Plakatsäulen fassen kaum das bunte Durcheinander der Veranstaltungen. Theater, Kleinkunstbühnen und Varietés, Kabarets und Konzertsäle, Kunstausstellungen und Fortbildungskurse aller Art jagen einander. Viele klangvolle Namen von den Bühnen Berlins sind hierher abgewandert und geben den Theatern ein Leuchten, das die Erwartungen der Hamburger Bevölkerung zu übersteigen scheint. Schriftsteller und Journalisten, Rundfunkleute und bildende Künstler führen eine Hochkonjunktur an kulturellen Schöpfungen herauf, die nach den mageren Jahren der Vergangenheit eine neue geistige Prosperität verheißt, – wäre da nicht das Gespenst der Not und einer ungewissen Zukunft hinter jedem neuen Tag.

Denn Hamburgs Lebensader, der Hafen, liegt verlassen. Keine fröhlichen Menschengruppen erwarten mehr an den St. Pauli-Landungsbrücken die hereinkommenden Überseedampfer. Die Luft ist nicht mehr erfüllt vom tiefen Baßton der Dampfersirenen und von den kurzen Schreien der Schlepper. Nur selten noch legt ein mittelgroßer englischer Dampfer oder ein Frachtschiff der UNRRA an, und die kleine Flotte der Fischereifahrzeuge fällt kaum ins Gewicht. Die großen Werften von Blohm und Voß sind gesprengt. Sie ragen als grauer, unentwirrbarer Trümmerhaufen über das leise klatschende Wasser der Elbe. Und die Werftarbeiter, die sich an den Fährbooten drängen, sind meist nur mit Reparaturarbeiten in kleineren Betrieben beschäftigt.

Als die sieben schweren Nächte über Hamburg hereinbrachen, war der Hafen das Hauptziel der Angriffe. Minen und Sprengbomben rissen die Ladeeinrichtungen, die Docks und Kais in Fetzen. Dies alles ist zwar im groben aufgeräumt, aber noch immer bleibt ein unabsehbares Stück harter Arbeit, um die verbliebenen Schiffe und Hafenanlagen wieder voll in Betrieb nehmen zu können.

Was jedoch vor allem fehlt, ist die eigene Flotte. Die großen Schiffe, die den Namen der HAPAG in alle Welt hinaustrugen, sind im Kriege geblieben, versunken oder verbrannt. Der Rest mußte an die Siegermächte abgeliefert werden. Deutschland besitzt nicht mehr als nur noch eine kleine Küstenflottille. Neubau und Erwerb von hochseetüchtigen Schiffen sind uns einstweilen nicht gestattet. Hamburg ohne Schiffahrt ist ein rostender Riese. Sein besonderes Wesen und seine Aufgabe war immer die Verbindung nach draußen, wirtschaftlich und geistig. Wenn es diese Mittlerrolle zwischen Deutschland und der Welt auch nur in geringem Umfang wieder übernehmen soll, muß zuvor ein einheitlicher deutscher Wirtschaftskörper entstehen, dessen hochwertige Ausfuhrgüter über Hamburg hinausgehen können, und der die dringend benötigten Rohstoffzufuhren von draußen über Hamburg hereinholt.

Das Schicksal der Hansestadt ist mit dem Schicksal Deutschlands unlösbar verknüpft. Hamburg wird leben, wenn das Tor zur Welt wieder geöffnet werden wird, und sei es nur um einen schmalen Spalt.

Danach

als die nacht
schwarz wie ein tunnel war
als der sternlose himmel
erdröhnte
vom unheimlichen grollen
der bombergeschwader
als wir stumm
in den kellern saßen
erwartend daß unser haus
uns unter den eigenen trümmern
begrabe
als der feuersturm
durch die straßen fegte
heulend wie höllenangst
als der asphalt schmelzend
verbrannte
als die bäume wie fackeln standen
und schloß rathaus kirche
zu fensterlosen ruinen verglühten
als wir alle
zu bettlern wurden
kein blatt
kein bild mehr
aus vergangenen tagen
da
sanken die alten städte
in staub
da stürzten aus dem geborstenen turm
die glocken dumpf klagend

zur erde
und die steine
die uralten steine
haben geweint.

dennoch
ich lebe
ich habe wieder
haus bett buch und brot
und die metallenen vögel
die damals tod und verderben brachten
tragen uns nun
in stundenschnelle
an den strand
sonniger inseln.

Die Bilder

Berlin: Kurfürstendamm nach einem Bombenangriff

Hamburg: Feuersturm nach einem Luftangriff

Hamburg: Zerstörte Wohnviertel

Pforzheim: Grab in den Ruinen

Stuttgart: Kreuz an der Leonhardskirche

Stuttgart: Ruine der Stiftskirche

Stuttgart: Skulptur im Schloßgarten

Stuttgart: Am Neuen Schloß

Schloß Bruchsal: Gestürztes Kapitell

Nürnberg: Innenstadt mit Burg

Würzburg: Neumünster-Kirche

Münster: Dom

Münster: St. Ludgeri

Paderborn: Abdinghof-Kirche

Paderborn: Im Dom

Holzsammlerin in den Trümmern

Pforzheim: In der Innenstadt

Heilbronn: Ruinen

München: Am Nationaltheater

München: Siegestor

München: Universität

Frankfurt/Main: Altstadt

Frankfurt/Main: Kundgebung am Römerberg

Frankfurt/Main: Dom

Trier: Portal der Liebfrauenkirche

Düsseldorf: An der Königsallee

Duisburg: Gräber in der Stadt

Köln: Groß St. Martin

Köln: Rathaus

Köln: Wiederherstellung der Hohenzollernbrücke

Essen: Am Bahnhofsplatz

Essen: Demontage des «Sewastopol»-Geschützes bei Krupp

Lübeck: Die gestürzten Glocken von St. Marien